はじめに

　この本は、先行する『グラフィックデザイナーのブックデザイン』が、いわば日本篇だとしたら、その海外篇を目指して企画されたものである。ここでも、1950〜60年代の書籍にこだわったのは、やはりこの時代には、海外でも、本の装丁においてグラフィックデザイナーたちによる数多くの実験的な試みがなされ、いくつもの傑作が誕生しているからである。そしてそれらは、当時の日本のデザイナーたちにも遥かに影響を与えた。そういう意味で、両者を比較対照してみるのも面白いかもしれない。

　グラフィックデザイナーが本の装丁に関わるという意味では、その原点は19世紀後半のイギリスのウィリアム・モリスにあると言っていいだろう。特に彼が心血を注いだのは、ゴールデン体、チョーサー体といった活字の開発であった。20世紀初頭のグラフィックデザイン史は、そのまま近代タイポグラフィーの形成の歴史と重なり合う。未来派、ダダ、デ・スティル、スプレマティズム、構成主義といった前衛的な芸術運動がそれを後押しし、1925年にヤン・チヒョルトが著わしたマニフェスト「タイポグラフィーの基本原理」の中で、新しいタイポグラフィーが高らかに宣言され、サンセリフ体の優越性が謳われた。そして、ハーフトーン技術の進歩により、写真と活字を組み合わせたレイアウトがより可能となり、そこから、モダンデザインの幕開けとでも言うべき、ハーバート・バイヤーによるバウハウスの機関誌や、同じくバウハウスのモホリ＝ナギによる『絵画・写真・映画』などの「タイポフォト」の傑作が生まれた。

　その後、ナチの台頭などにより、こうしたヨーロッパの才能は、1930〜40年代にかけて、次々とアメリカに流出し、彼らがアートディレクターとして起用された、写真とタイポグラフィーを効果的に用いたグラフ誌やファッション誌が続々と創刊された。そして、いよいよ、ヨーロッパ出身のアレクセイ・ブロドヴィッチとアレクサンダー・リーバーマンが、それぞれ「ハーパース・バザー」誌と「ヴォーグ」誌でしのぎを削る、エディトリアル・デザインの黄金時代がやって来るのである。もちろん、アメリカでも優秀な才能が育ち、ヘンリー・ウルフやハーブ・ルバリンなどが輩出した。そんな中で、またヨーロッパの才能が、ブックデザイン史に画期的な足跡を残した。それは、1953年のハーバート・バイヤーによる『世界地理地図帖』で、図表などの扱いにグラフィックデザイナーがいかに長けているか、その範を示し、中面を含めた本全体のデザインへの、デザイナーの参入の

BOOK DESIGN OF
GRAPHIC DESIGNERS
IN THE WORLD

■　世界のグラフィックデザイナーのブックデザイン

活路を切り開いたのだ。それ以後、ブックデザインの世界は百花繚乱。意欲的な印刷所、製版所、製紙会社などのバックアップにより、その表現の可能性の地平はさらに広がって行った。この本の冒頭で、チャンピオン・ペーパーというアメリカの製紙会社のPR誌「イマジネーション」を特集したが、まさにそうした時代を象徴するヴィジュアルブックであると思う。そんな中で、先進的なデザイナーたちは、単なる本の装丁に飽き足らず、自分自身で1冊の本をクリエイトすることを試みる。その多くが絵本というのも興味深い。ソール・バスの『アンリちゃんパリへ行く』やブルーノ・ムナーリの『きりの中のサーカス』は、まさにデザイナーズ絵本の傑作なのだ。それらはきっと、チヒョルトも影響を受けたロシアのエル・リシツキーが1920年代に作った『2つの正方形の物語』というグラフィカルな絵本の精神に、どこかで繋がっているのだろう。

この本では、そうした優れたブックデザインの数々を、まずは各国のデザイナー別に紹介し、次の章では、デザイナーたちの華麗なる競演となった、「クアドラート・プリント」ような企画シリーズを、そして最後に、IBMやオリベッティのような、デザインや文化事業に力を入れた企業の出版物を紹介した。巻末には、福田繁雄氏をはじめ、1950～60年代に、こうしたヴィジュアルブックにリアルタイムに触れた方々のインタビューを掲載しているが、当時の日本での受け止め方を、クリエイター、専門家、雑誌編集者のそれぞれの立場から語って頂いた。

この本を制作するにあたって、また多くの方々にご協力を頂いた。ここで一々お名前は挙げないが、快くインタビューに応じてくれた方々、資料をお貸しくださった方々には、この場を借りてお礼を申し上げたい。また、今回は直接ご協力を仰いだわけではないが、桑野泰弘氏とのこれまでの会話が、この本に貴重なインスピレーションを与えたことは、どうしても付記しておきたい。そして、今回も編集を担当してくれたピエ・ブックスの諸隈宏明氏に、及び編集を手伝ってくれた上條桂子、白倉三紀子の両氏に、また再三に渡る本の撮影に辛抱強くお付き合い頂いたカメラマンの藤牧徹也氏に、そして今回も掲載されている本に負けないくらい素晴らしい装丁を施してくれた岩淵まどか氏に、それぞれ感謝の意を表したい。最後に、私の仕事のもっとも良き理解者であるあなたに、この本を捧げたいと思う。

(小柳　帝)

CONTENTS

はじめに 002

巻頭特集

IMAGINATION 006

第 1 章　各国編

🇺🇸 アメリカ

PAUL RAND 016
SAUL BASS 026
LEO LIONNI 030
PUSH PIN STUDIOS 036
IVAN CHERMAYEFF 042
ANTONIO FRASCONI 050
WILLIAM WONDRISKA 058
HERB LUBALIN 066
ALEXEY BRODOVITCH 074
HERBERT BAYER 076
LOU DORFSMAN 082
TOMI UNGERER 084

🇮🇹 イタリア

BRUNO MUNARI 090
ENZO MARI 102
EUGENIO CARMI 106
GIOVANNI PINTORI 108
AG FRONZONI 110
HEINZ WAIBL 112
RICCARDO MANZI 114
TANTI BAMBINI SERIES 118

🇬🇧 イギリス

BOB GILL 128
ALAN FLETCHER 136
MARCELLO MINALE 144

BOOK DESIGN OF GRAPHIC DESIGNERS IN THE WORLD　世界のグラフィックデザイナーのブックデザイン

スウェーデン

OLLE EKSELL 148
STIG LINDBERG 156

フランス

ANDRE FRANCOIS 162
JEAN MICHEL FOLON 166

スイス

KARL GERSTNER 172
CELESTINO PIATTI 178
HANS HARTMANN 182

第2章　企画シリーズ編

QUADRA PRINTS 186
IMAGO 192
ABOUT U.S. 196

第3章　企業編

IBM & OLIVETTI 202

書名索引 212

インタビュー

IVAN CHERMAYEFF 048-049
BOB GILL 134-135
福田繁雄 206-207
山田愛子 208-209
石原義久 210

コラム
025 035 056 072 089 176 184

本書に掲載した書籍、雑誌等の図版につくデータは、原則として書名、著者もしくは監修者、発行元、発行年、デザイナーの順に記載しています。ただし判明しないものに関しては「不明」と書いています。また、略称としてD：デザイナー／I：イラストレーター／P：フォトグラファーと表記しています。

004 | 005

巻頭特集

イマジネーション
IMAGINATION

　ここで紹介する、1963年から発行された、チャンピオン・ペーパーの『イマジネーション』というブックレットのシリーズは、単なる「紙見本帖」ではない。プッシュピンやジョージ・チャーニーなど、アメリカを代表するデザイナーたちが、与えられたテーマを、決まったフォーマット（26×30センチ）の中で、ありとあらゆる印刷技術を使って、まさに「イマジネーション」豊かにヴィジュアライズした、いわば「ヴィジュアル・ブック」としても楽しめる作りになったものなのだ。

■ FEATURE

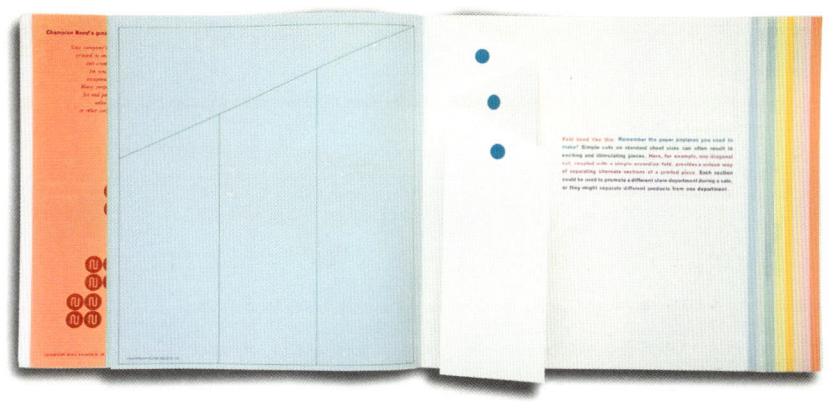

IMAGINATION Champion Papers Inc. / 1963 / D: Carl Regehr

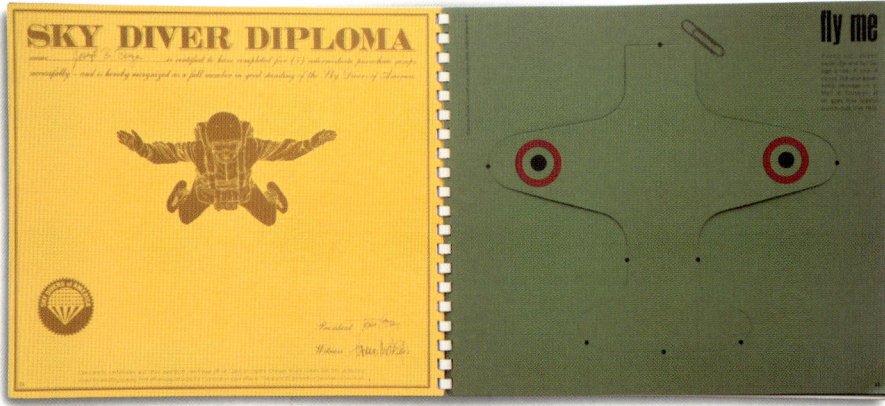

FEATURE

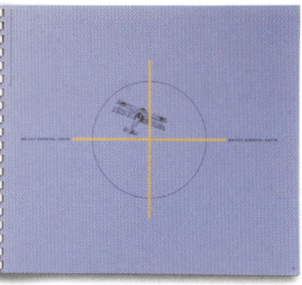

IMAGINATION

Champion Papers Inc. / 1963
デザイナー不明

■ FEATURE

IMAGINATION
Champion Papers Inc. / 発行年不明
デザイナー不明

FEATURE

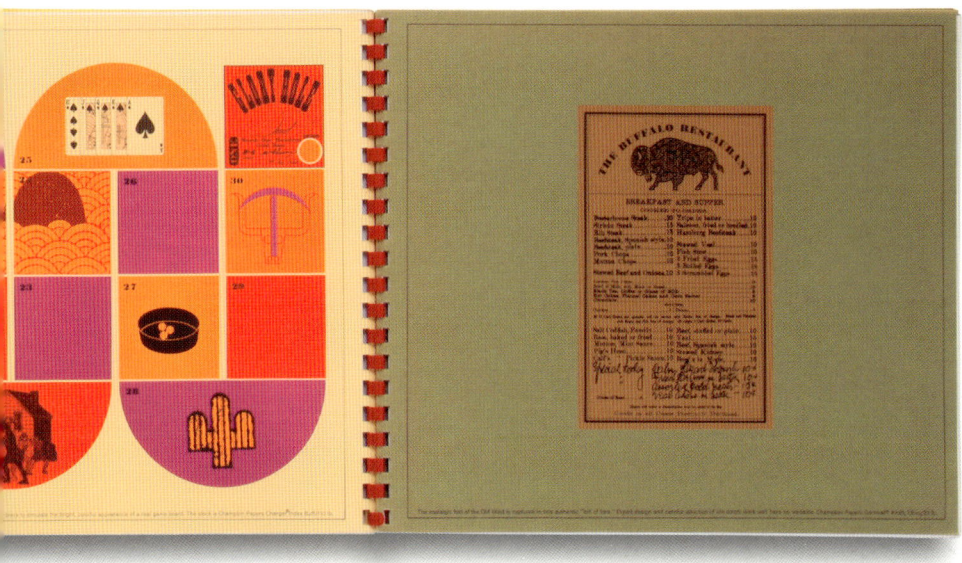

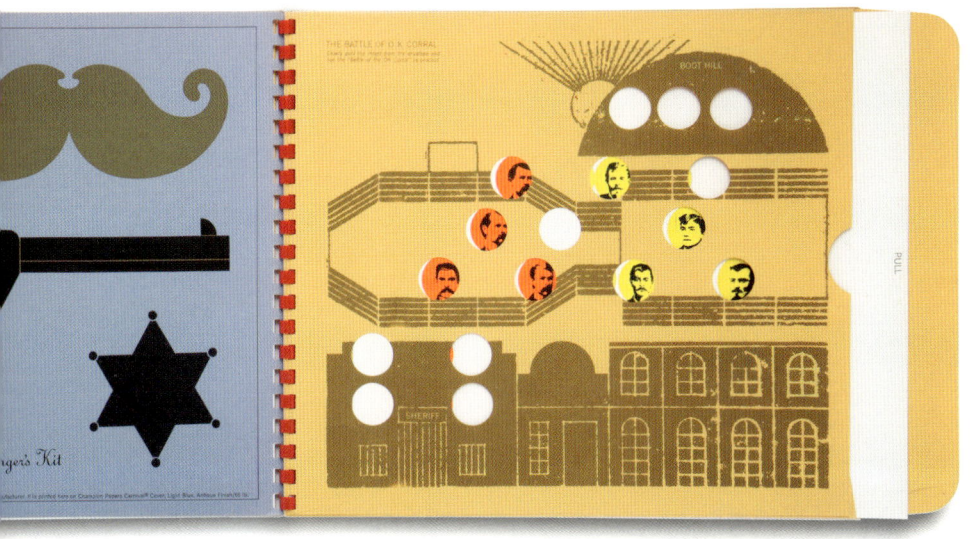

IMAGINATION
Champion Papers Inc. / 1964
D & I: Nicolas Sidjakov
I: Gordon Brusstar / Chief Red Cloud

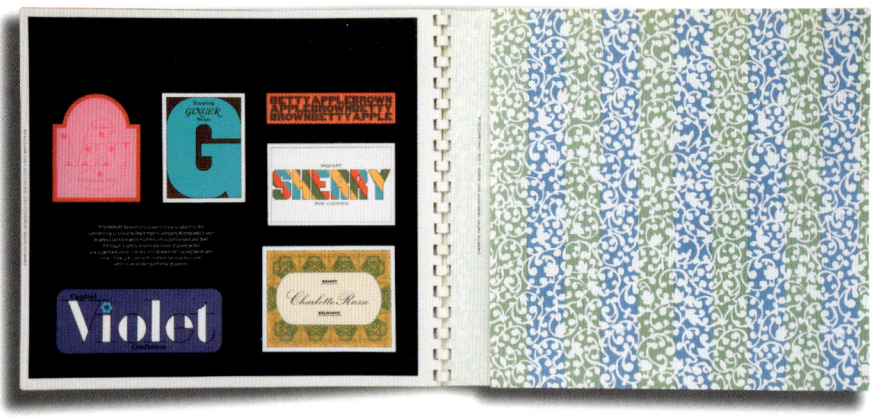

IMAGINATION

Champion Papers Inc.
D & I: Push Pin Studios / 1964

FEATURE

第 1 章
各 国 編

アメリカ

イタリア

イギリス

スウェーデン

フランス

スイス

BOOK DESIGN OF
GRAPHIC DESIGNERS
IN THE WORLD

世界のグラフィックデザイナーのブックデザイン

ポール・ランド
PAUL RAND

1914-1996

アメリカ、ニューヨーク生まれ。23歳で雑誌「アパレルアーツ」、「エスクァイア」のADに抜擢。1956年よりIBM、カミンズエンジン、ウエスティングハウスのデザインコンサルタントを務める。最初の妻アン・ランドと共作の絵本は愛娘キャサリンのために作られた。

PAUL RAND

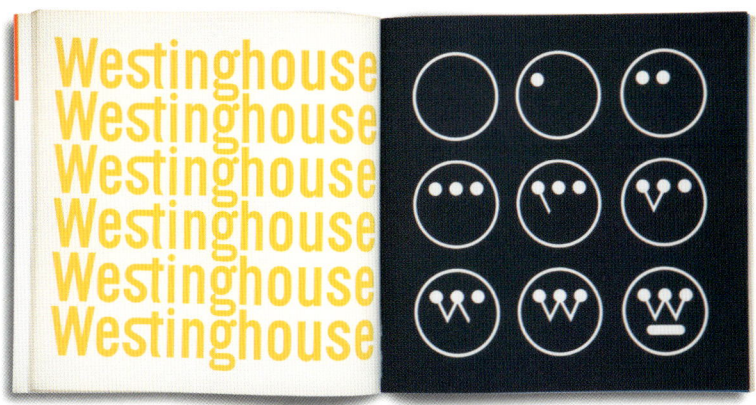

ポール・ランド自身が手掛けた、IBM社やウェスティングハウス社のトレードマークを集めた本だが、そのピクトグラムを、贅沢にも1ページに1点ずつシルクで印刷し、本人も語るように、まるで「絵本」のようにしつらえた、ユニークなヴィジュアルブック。

The Trademarks of Paul Rand
Paul Rand
George Wittenborn, Inc. / 1960

PAUL RAND

Little 1
Ann & Paul Rand
Harcourt, Brace & World / 1962

PAUL RAND

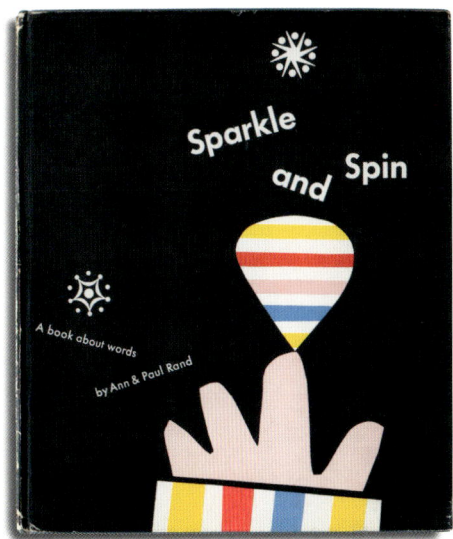

Sparkle and Spin
Ann & Paul Rand
Harcourt, Brace And Company / 1957

PAUL RAND

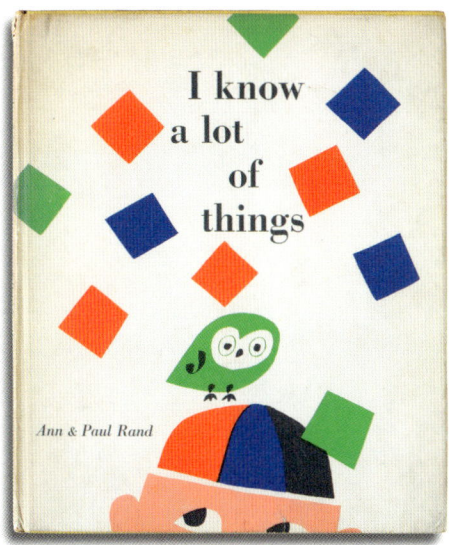

I know a lot of things
Ann & Paul Rand / Harcourt, Brace / 1956

Listen! Listen!
Words: Ann Rand Pictures: Paul Rand
Harcourt, Brace & World / 1970

PAUL RAND

COLUMN 01
ＡＢＣの絵本

　この本では、グラフィックデザイナーが手掛けた絵本を数多く紹介しているが、その中でもっとも多いのが、『アルファベット』絵本だ。というのは、やはりタイポグラフィーやロゴタイプと始終格闘しているデザイナーならではの発想だろうか。実際、この本に名前が出て来るデザイナーに限っても、ムナーリ、ギル、ピアッティ、リンドベリなどが「アルファベット」絵本を作っている。もちろん、それ以外にも、数多くの「アルファベット」絵本は存在するが、ここでは少し変わったものを取り上げてみよう。先ずは、イタリアのグラフィックデザイナー、アルフレード・デ・サンティスの『アルファズー』。その名の通り、動物をピクトグラム風に象ったアルファベットがユーモラスで微笑ましい。もう1冊は、アメリカのグラフィックデザイナーで写真家でもあるバリー・ミラーの『アルファベット・ワールド』。街の中のさまざまな場所に隠れているアルファベットの文字を、写真の上にトレーシングペーパーを当ててあぶり出すというユニークな発想が楽しい。

alfazoo
alfredo de santis / emme edizioni / 1968

ALPHABET WORLD
Barry Miller
MACMILLAN PUBLISHING Co., Inc.
1970

ソール・バス
SAUL BASS

1920-1996

アメリカ、ニューヨーク生まれ。映画 『八十日間世界一周』『悲しみよこんにちは』『サイコ』など40本を越える映画のタイトルバックを制作。また、AT&T社、ユナイテッド航空、ミノルタカメラなど多くの企業のトレードマークや広告物のデザインも手がける。

ソール・バスが、自分の子どものために作った唯一の絵本が『アンリちゃんパリへいく』。まず特色印刷による色の美しさに目を奪われるが、数多くの映画のタイトルバックを手がけたバスらしく、アニメーション風のグラフィカルなページ構成がやはり素晴らしい。

HENRI'S WALK TO PARIS
Leonore Klein / YOUNG SCOTT BOOKS
1962 / D: Saul Bass

第1章 各国編－アメリカ

HENRI'S WALK TO PARIS
Leonore Klein / YOUNG SCOTT BOOKS
1962 / D: Saul Bass

Norman Corwin's Prayer for the 70s
Norman Corwin
Doubleday & Co. / 1969
D & I: Saul Bass & Art Goodman

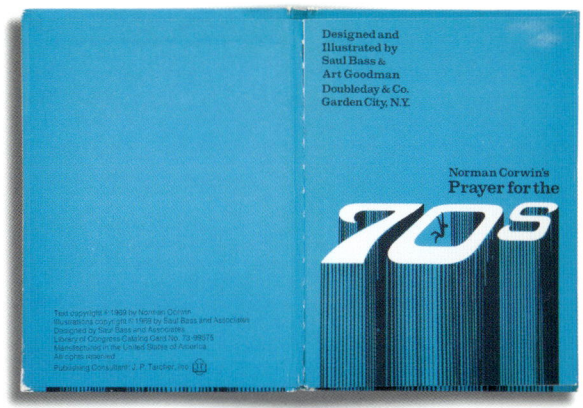

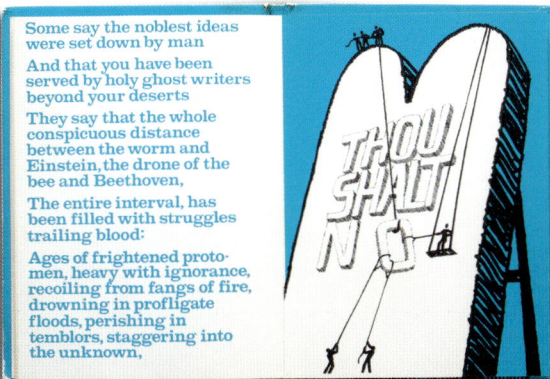

レオ・レオーニ
LEO LIONNI
1910-1999

オランダ、アムステルダム生まれ。1939年にアメリカに亡命し、広告会社N.W.エイヤー＆サンにてクライスラーやGEの広告デザインを手がける。その後、米国癌協会やオリベッティ社、雑誌「フォーチュン」のデザインを担当。絵本は自身の子どもに作ったのが始まり。

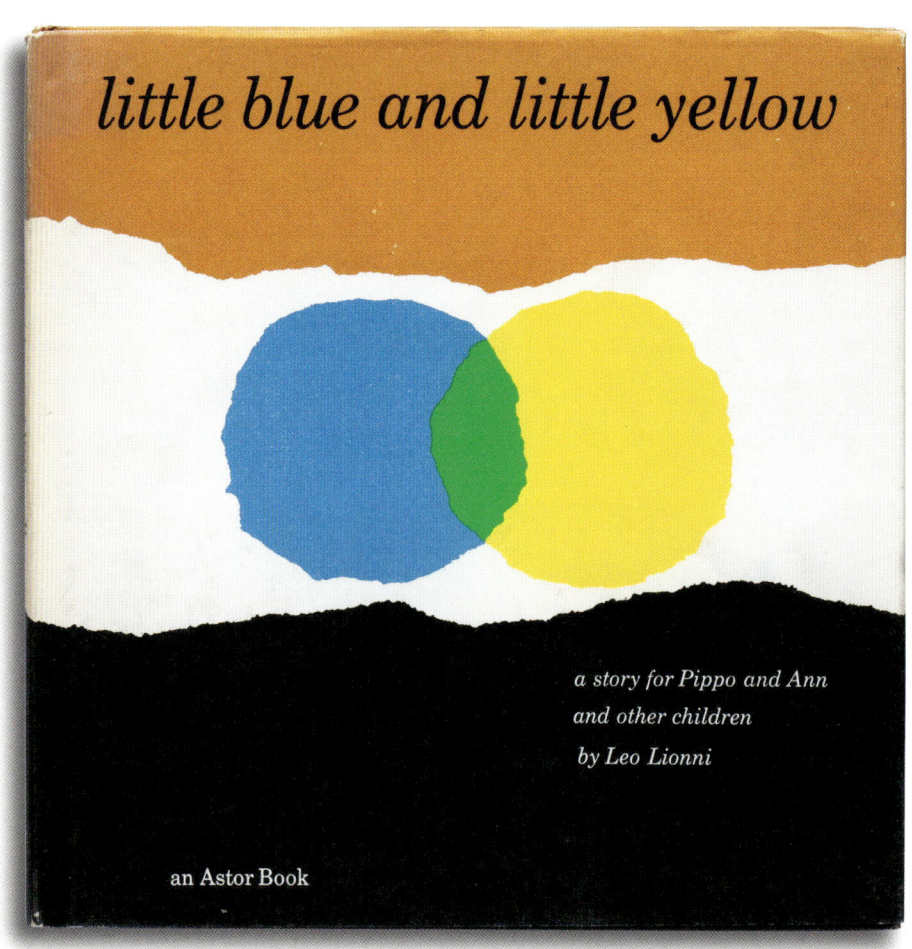

little blue and little yellow　　Leo Lionni / Ivan Obolensky Inc. / 1959

LEO LIONNI

LEO LIONNI

レオ・レオーニは、もともとはグラフィックデザイナーで、1949年からアメリカの『フォーチュン』誌のADを担当し、一時代を築いた。この本は、その『フォーチュン』誌でのグラフィックを集めたものだが、すでに『あおくんときいろちゃん』の片鱗が看て取れる。

Designs for the printed page
Leo Lionni / Fortune / 1960

Inch by Inch
Leo Lionni / Ivan Obolensky, Inc.
1960

LEO LIONNI

Suimi
Leo Lionni / Random House / 1963

プッシュピン・スタジオ
PUSH PIN STUDIOS
1954-

シーモア・クワスト、ミルトン・グレイサー、エドワード・ソレル、レイノルズ・ラフィンらが設立したデザインカンパニー。「I♥NY」のロゴは有名。イラストレーションを中心としたデザインは当時の広告界にセンセーショナルな風を巻き起こした。

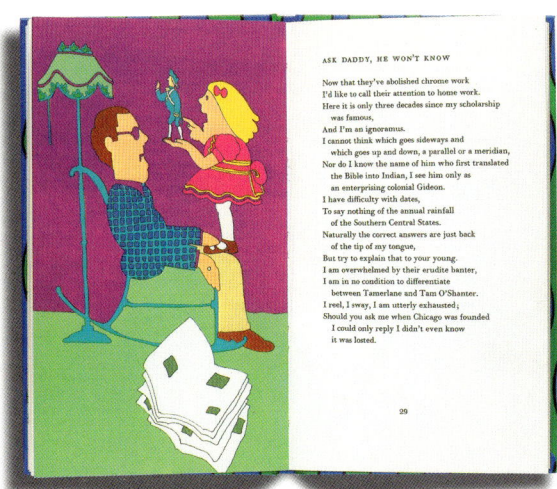

FUNNIEST VERSES OF OGDEN NASH
ILLUSTRATED BY Semour Chwast
Hallmark / 1968

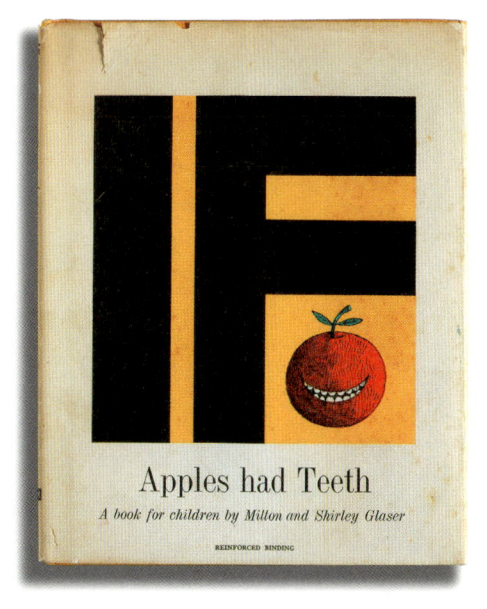

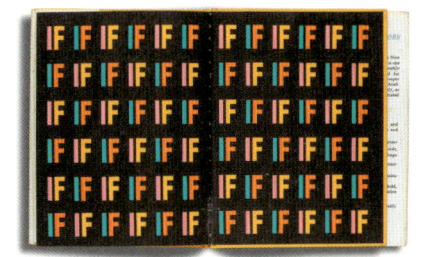

IF mushrooms were hairy, they would be very scary.

IF fishes had wishes, they would stay out of dishes.

Apples had Teeth
Milton and Shirley Glaser / Alfred A. Knoph, Inc / 1960

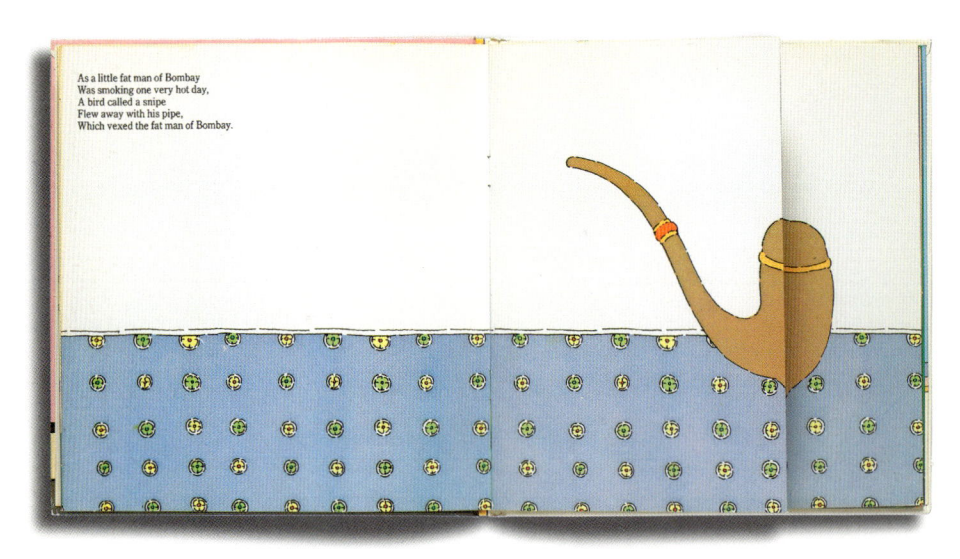

There was an Old Man of Nepal,
From his ox had a terrible fall;
But, though split quite in two,
With some very strong glue
They mended that Man of Nepal.

As a little fat man of Bombay
Was smoking one very hot day,
A bird called a snipe
Flew away with his pipe,
Which vexed the fat man of Bombay.

PUSH PIN STUDIOS

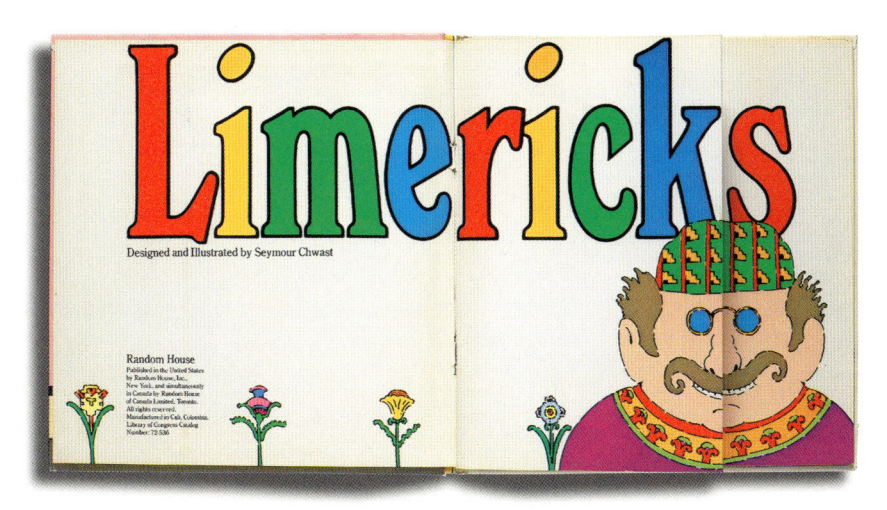

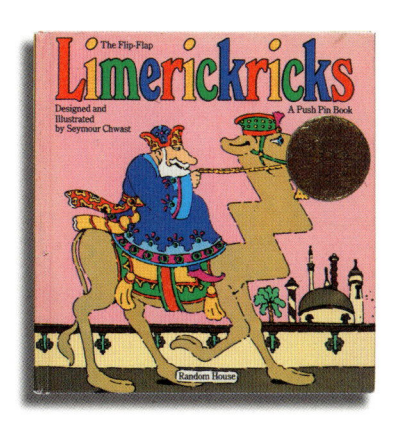

The Flip-Flap Limerickricks
D & I: Semour Chwast
Random House / 1972

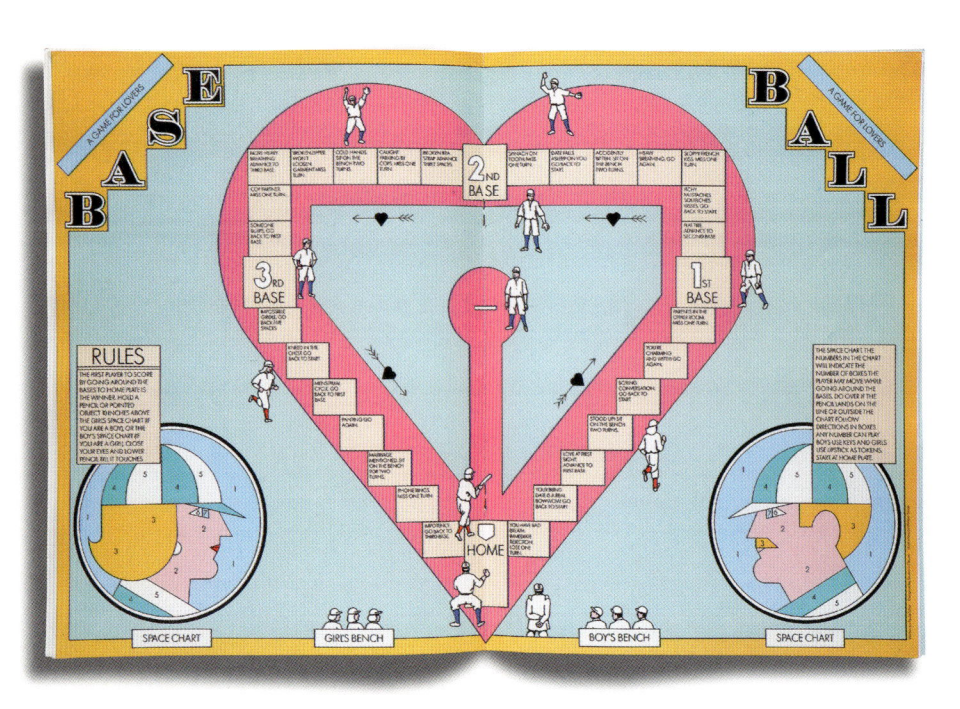

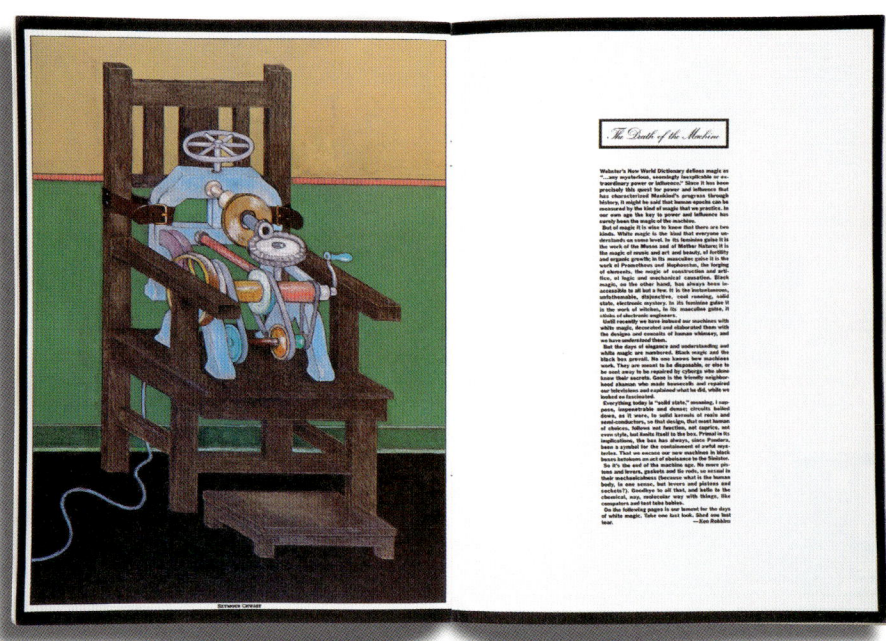

PUSH PIN STUDIOS

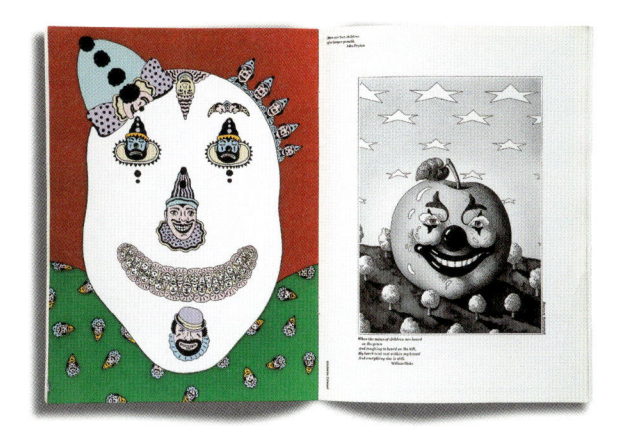

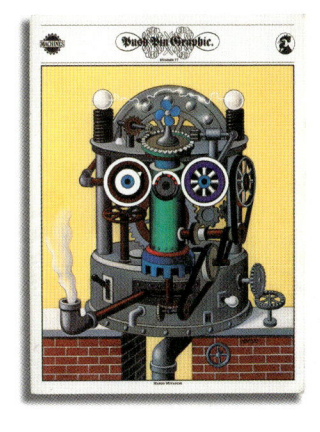

「プッシュピン・グラフィック」は、プッシュピン・スタジオが1957年から発行した事務所のPRを兼ねた雑誌。1980年までに86冊発行された。ここでは紹介できなかったが、初期は新聞を模したデザインになっている。「ジーン（zine）」の先駆けとも云われる。

Push Pin Graphic
68 70 71 73 75 76 77 78
Push Pin Studios, Inc.
1977-1979
Art Director: Semour Chwast

アイヴァン・チャマイエフ
IVAN CHERMAYEFF
1932-

イギリス、ロンドン生まれ。エール大学でポール・ランドに師事、1959年にトム・ガイスマーとチャマイエフ＆ガイスマー社を設立。クライアントに、ゼロックス、NBCなどを持ち、CI、映像、広告、空間と幅広くトータルなクリエイティブに定評がある。

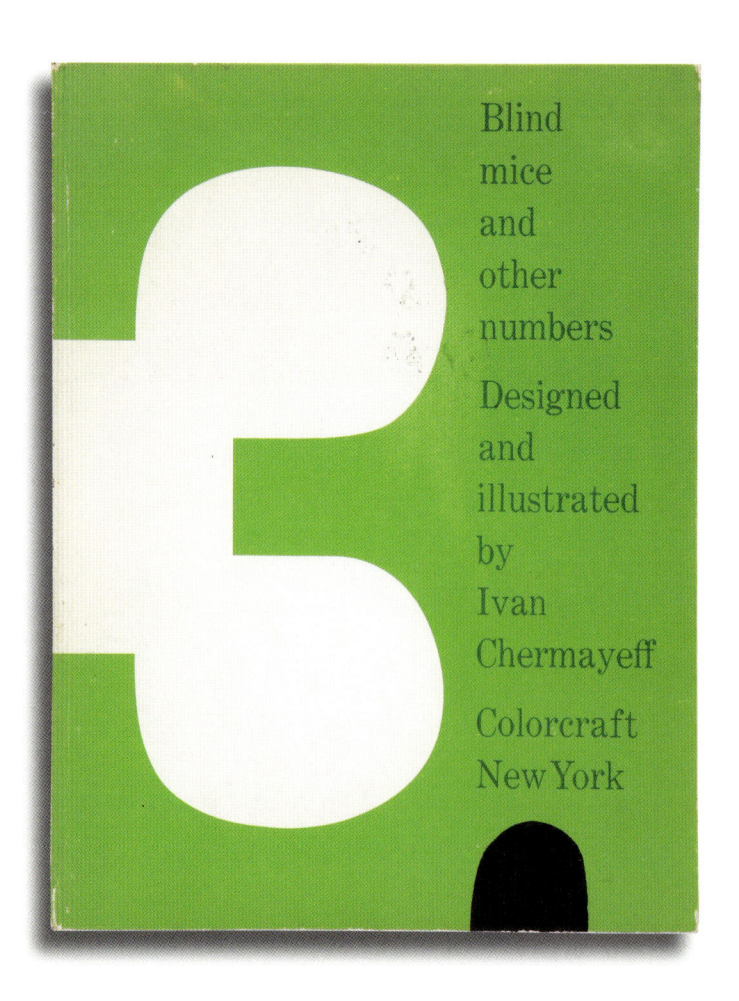

Blind mice and other numbers
Colorcraft / 1961 / D & I: Ivan Chermayeff, Chermayeff & Geismar, New York

IVAN CHERMAYEFF

Seven hands high in seven league boots.

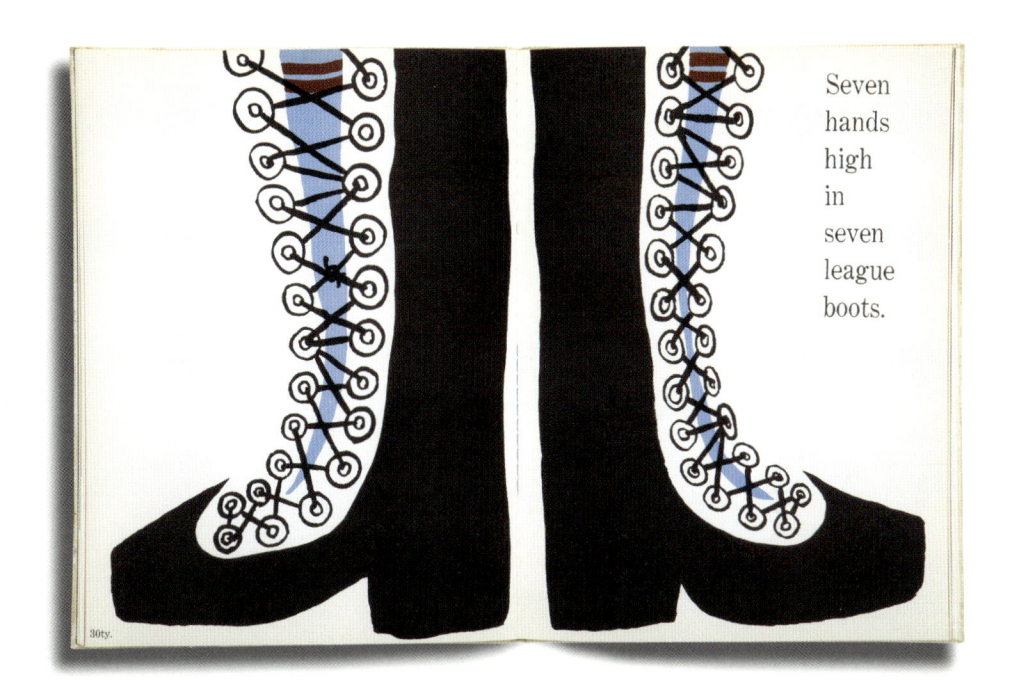

Strikes and feathers, musketeers, witches, wise men and men in a tub, sisters, kings,

The Waltz of the Flowers

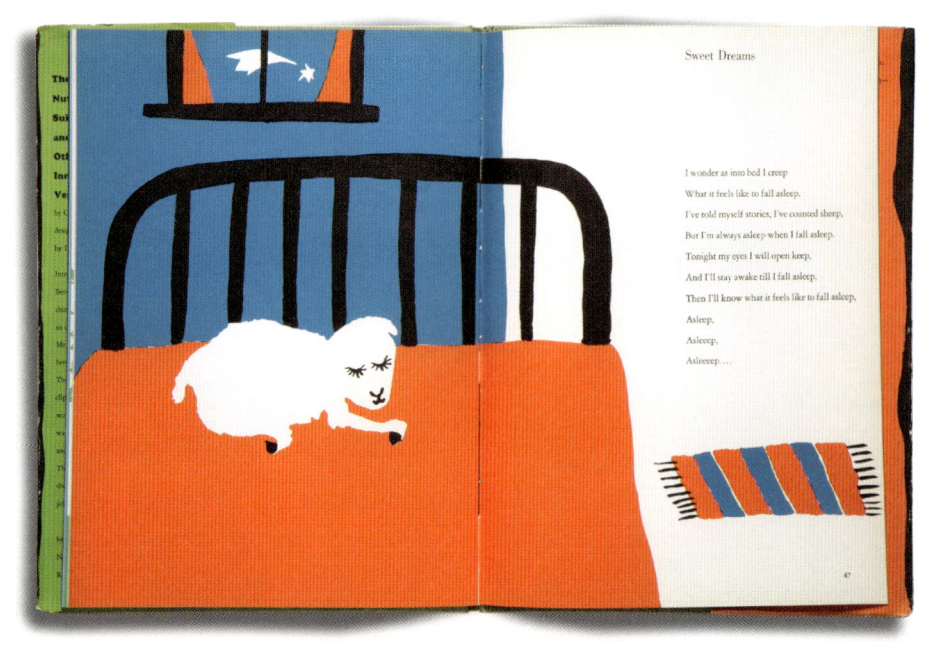

PAX 1918

Strike up the waltz, the flowers all
Assemble for the Victory Ball,
And through a wide triumphal arch,
Behold, a garden on the march!
The air with iridescence loaded,
As if a rainbow had exploded.
They swing in circles, swoop and dip,
But with such delicate mastership
That not a gossamer dress is torn
From catching on a partner's thorn.
A wildflower interrupts the waltz
By turning double somersaults,
And now the other toys advance,
All swirling in the victory dance.
Until the blazing ballroom seems
A gaudy carnival of dreams,
Of dreams designed for child's delight
To dream this night and every night.

Other Innocent Verses

Sweet Dreams

I wonder as into bed I creep
What it feels like to fall asleep.
I've told myself stories, I've counted sheep,
But I'm always asleep when I fall asleep.
Tonight my eyes I will open keep,
And I'll stay awake till I fall asleep,
Then I'll know what it feels like to fall asleep,
Asleep,
Asleeep,
Asleeeep....

IVAN CHERMAYEFF

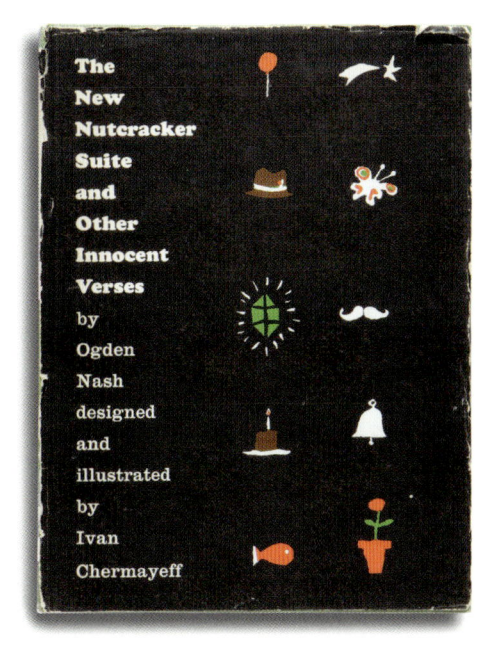

アイヴァン・チャマイエフも、エール大学時代に薫陶を受けたポール・ランドの流れを汲む、グラフィカルな絵本を何冊か手掛けている。これは、シーモア・クワストとの共作も多いオグデン・ナッシュの詩に、チャマイエフがイラストレーションをつけた代表作。

**The New Nutcraker Suite
and Other Innocent Verses**
Ogden Nash
Little, Brown and Company / 1962
D & I: Ivan Chermayeff,
Chermayeff & Geismar, New York

第1章　各国編-アメリカ

IVAN CHERMAYEFF

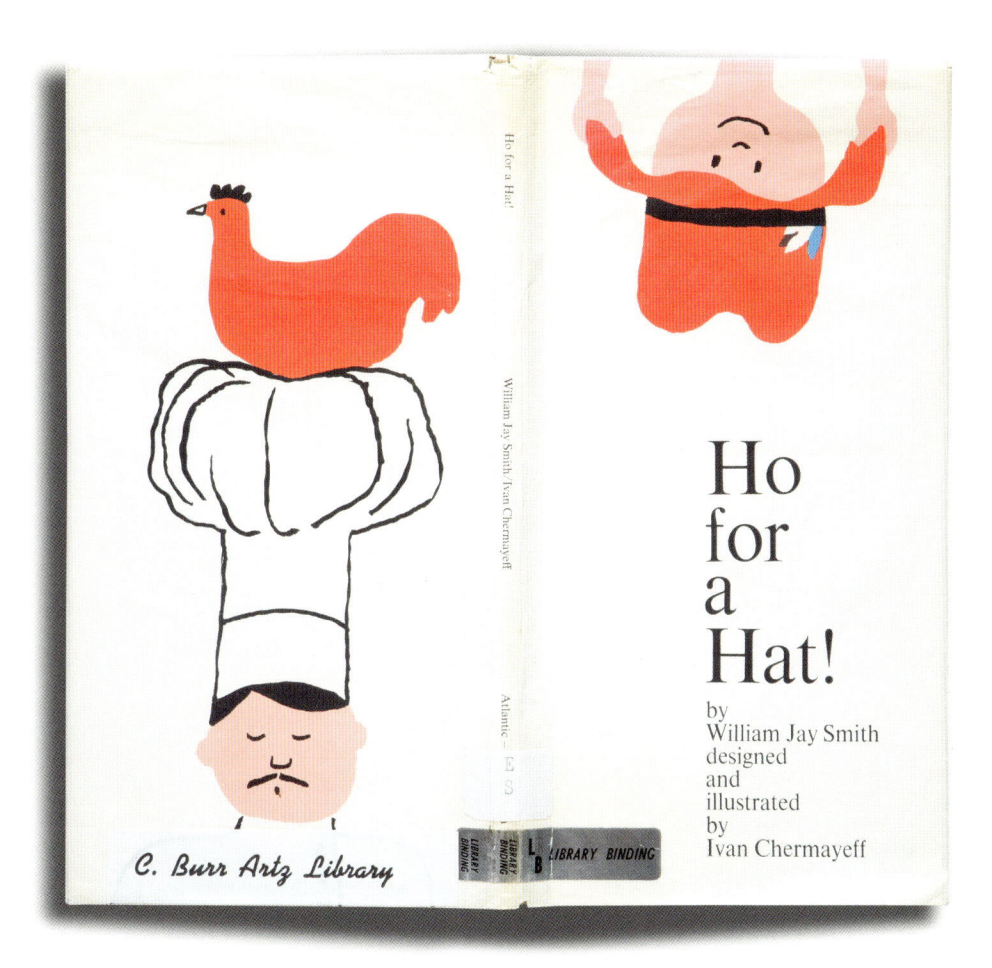

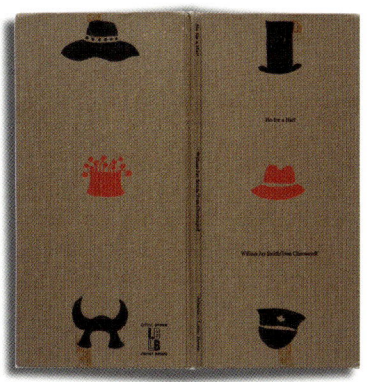

Ho for a Hat!
William Jay Smith
Little, Brown and Company / 1964
D & I: Ivan Chermayeff,
Chermayeff & Geismar, New York

INTERVIEW 01

IVAN CHERMAYEFF INTERVIEW

質問　小柳帝
回答　アイヴァン・チャマイエフ
翻訳　白倉三紀子

チャマイエフさんは、たくさんの絵本を作られていますが、最初に作られた絵本は何ですか。また、それはそのような理由で作られたものですか。

最初に出版されたのは、カラークラフト社（石版印刷の印刷会社）から1961年に出版された『ブラインド・マイス・アンド・アザー・ナンバーズ』です。数字の1～13までのクリシェをベースにした、タイポグラフィーの実験です。私が文章も書いています。

チャマイエフさんは、よく切り絵のテクニックを使って絵本を作られていますが、それはなぜですか。また、どのような効果があるとお考えですか。

私はたいてい、シンプルでフラットなドローイングか切り絵のコラージュを用いています。切り絵を使うのは、私にとっては絵筆よりもハサミのほうがしっくりくるからです。

チャマイエフさんが、ブックデザインの分野で影響を受けたデザイナー、または具体的な本があったら教えてください。

絵本を作るにあたって、誰かに影響を受けたということはありません。私にインスピレーションを与えてくれる3人の娘ができたということと、グ

IVAN CHERMAYEFF

ラフィックにおける創作意欲とが相まって、絵本が私の表現の場となったのです。

チャマイエフさんのキャリアの中で、重要な役割を演じるポール・ランドとアルヴィン・ラスティグ。二人ともブックデザインの仕事を数多く手掛けていますが、二人から学んだことは何ですか。

ポール・ランドとアルヴィン・ラスティグは良き師ではありましたが、具体的に私の絵本制作に関係しているということはありません。ですが、ポール・ランドをはじめ、アンリ・マティス、パウル・クレー、アレクサンダー・カルダーなどの作品を見るといつも、力強くシンプルでストレートな表現が最高の伝達手段である、と感じます。

詩人のオグデン・ナッシュと一緒に作られた『ザ・ニュー・ナットクラッカーズ・アンド・アザー・イノセント・ヴァーシズ』について、何かエピソードがあったら教えてください。

あの画を描いたとき、オグデン・ナッシュについて面白いと思ったのは、彼の詩に対して私が描いたものを見て、彼がすべてを支持してくれたことです。言い換えれば、良い関係性というのはいつもそうですが、お互いの領域――彼は言葉、私は絵――をリスペクトし合っていたということです。

お互いに、相手の仕事に影響を与えようとか、変えさせようとはしませんでした。そんなことは考えもしなかった。限られたものでしたが、非常にやりがいのある、内容の濃い体験でした。

ああしろ、こうしろと言ってくるクライアントはあまり好きではないです。しかし疑問を投げかけられたり、話し合ったり、意見の交換をすることは、それが有意義なものであれば大歓迎ですし、よりよい作品を生み出すと思います。ライターの多くは、視覚的な捉え方がそれほど得意ではないし、デザイナーの多くはそれほどうまく書くことができないものです。しかし時に、お互い非常に役に立てることがあって、相手の才能に貢献することさえありうるのです。

ANTONIO FRASCONI

アントニオ・フラスコーニ

1919-

イタリア移民の子として、アルゼンチンのブエノスアイレスに生まれ、ウルグアイのモンテビデオで育つ。1945年にアメリカに渡り、木版画で才能を発揮する。初めての絵本『SEE AND SAY』は、自身の多国語経験から4カ国語表記に。世界的な評価を得る。

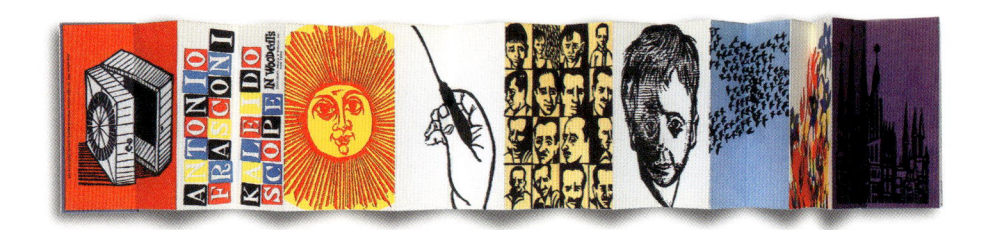

KALEIDO SCOPE
Antonio Frasconi
Harcourt, Brace & World, Inc. / 1968

©Antonio Frasconi / VAGA, New York & SPDA, Tokyo, 2007

ANTONIO FRASCONI

第1章 各国編 – アメリカ

ANTONIO FRASCONI

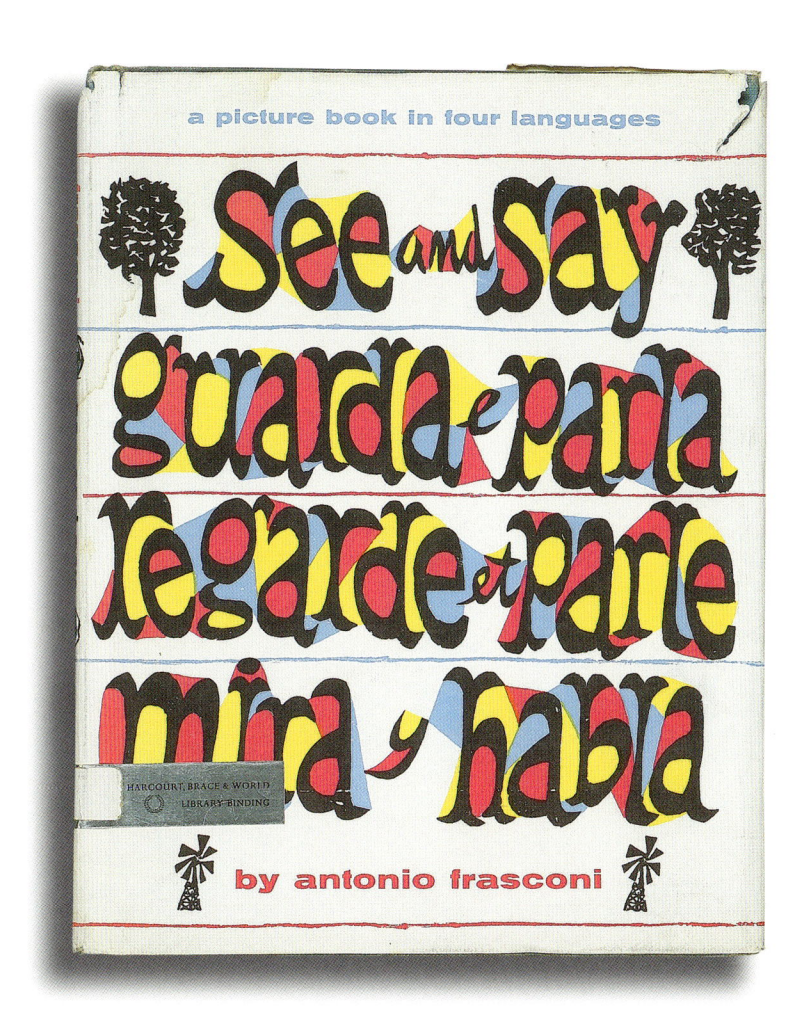

木版画家アントニオ・フラスコーニの手掛けた最初の絵本『見て話して』は、移動に満ちたフラスコーニの人生を反映するかのように、子どもにとって身近な言葉が、それぞれ色分けされた英伊仏西の4カ国語表記で登場する。この10年後には、続編も作られた。

see and say / guarda e parla / regarde et parle / mira y habla
Antonio Frasconi
Harcourt, Brace & World, Inc. / 1955

©Antonio Frasconi
VAGA, New York & SPDA, Tokyo, 2007

ANTONIO FRASCONI

A SUNDAY IN MONTEREY
Antonio Frasconi
Harcourt, Brace & World, Inc.
1964

©Antonio Frasconi
VAGA, New York & SPDA, Tokyo, 2007

第1章　各国編 – アメリカ

COLUMN 02
キース・ゴダードの絵本

　キース・ゴダードは、ニューヨークで活躍するグラフィック・デザイナーだが、フルクサス的な手法で何冊かの絵本を作っている。実際、フルクサスのメンバーでもあったエメット・ウィリアムズと共著の『ホールドアップ』という写真絵本もある。これは、人種や年齢、性別の異なるさまざまな人々の指が主役の絵本だが、本を持つ私たちの指の置かれる場所がシルエットとして空けられていて、私たちの指がそこに収まることによって初めて完成する仕掛けになっている。ゴダードの絵本は、このように読者に参加を促すコンセプトのものが多い。『サウンズ』は、文字のない絵本だが、さまざまな質感の紙が綴じられていて、まさにページをめくるときの「紙擦れ」の音を楽しむという趣向になっている。これはもう、本におけるジョン・ケージの『4分33秒』だ。そして、切り抜かれた小さな円が自分探しの旅に出る『イットセルフ』。レオ・レオーニの『あおくんときいろちゃん』とブルーノ・ムナーリの「読めない本」シリーズの、奇跡的な出合いがここにある。

キース・ゴダードの絵本の販売元
www.artezn.com
www.studio-works

sounds
Keith Godard / Works / 1972

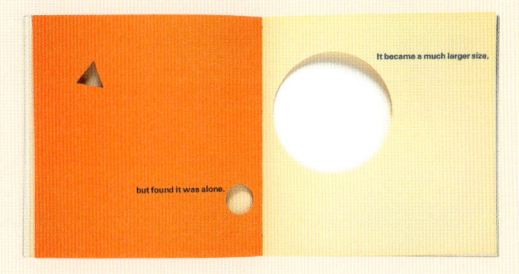

Itself
Keith Godard / Works / 1970

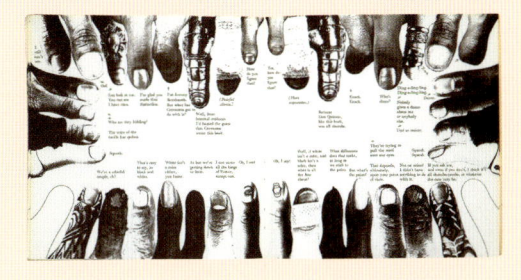

Holdup
Keith Godard / Emmett Williams / Works / 1980

ウィリアム・ワンドリスカ
WILLIAM
WONDRISKA
1931-

アメリカ生まれ。イェール大学でアートを学んだ後、創作活動に入り、絵本や書籍の装丁、広告デザイン等を手がける。ワンドリスカ・ルッソ・アソシエイツを設立する一方、ハートフォード大学で、今もデザインについて教鞭を執っている。特に「文字のない」絵本に定評がある。

センスのいい絵本を数多く手掛けたウィリアム・ワンドリスカの処女作。音を出すもののピクトグラムを左ページに、タイポグラフィーなどを駆使してその音を視覚化したものを右ページに配した「文字のない」絵本。もともとは私家版として出されたもの。

THE SOUND OF THINGS
William Wondriska / Pantheon / 1958

WILLIAM WONDRISKA

第1章　各国編－アメリカ

build a bridge,

land on the moon,

▲ WILLIAM WONDRISKA

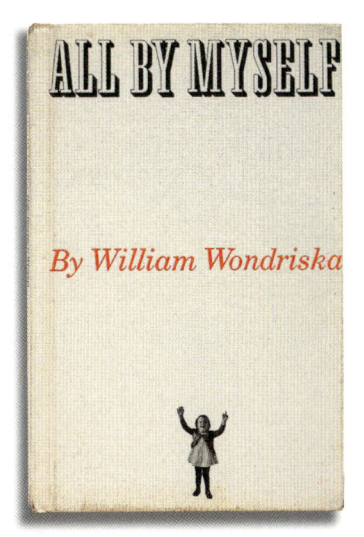

ALL BY MYSELF
William Wondriska / Holt, Rinehart and Winston / 1963

"I don't know," said Mr. Rabbit. "Let's ask Mr. Porcupine. Which way to the Zoo, Mr. Porcupine?"

"I don't know," said Mr. Camel. "Let's ask Mr. Hippo. Which way to the Zoo, Mr. Hippo?"

WILLIAM WONDRISKA

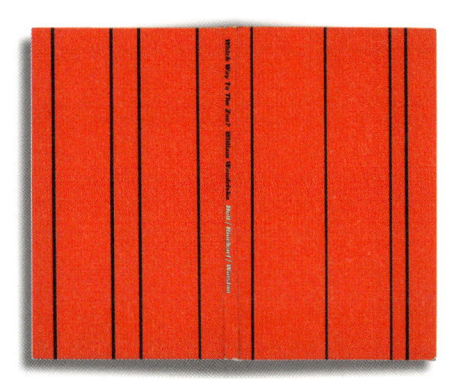

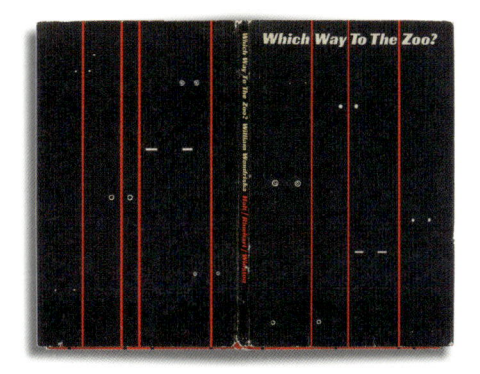

Which Way to The Zoo ?
William Wondriska / Holt, Rinehart and Winston / 1961

WILLIAM WONDRISKA

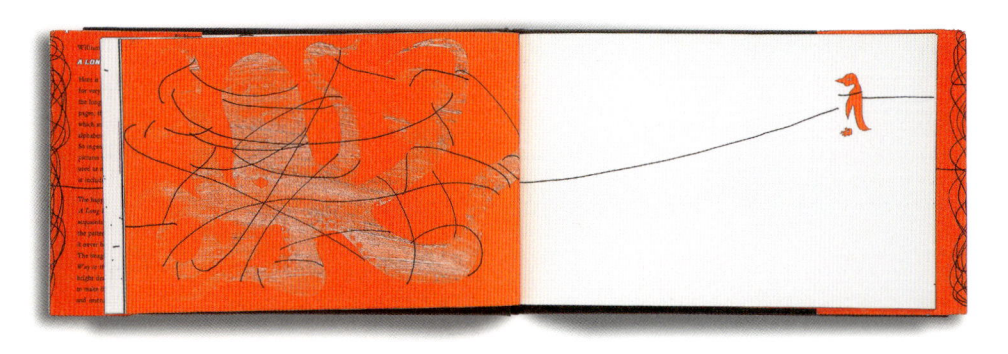

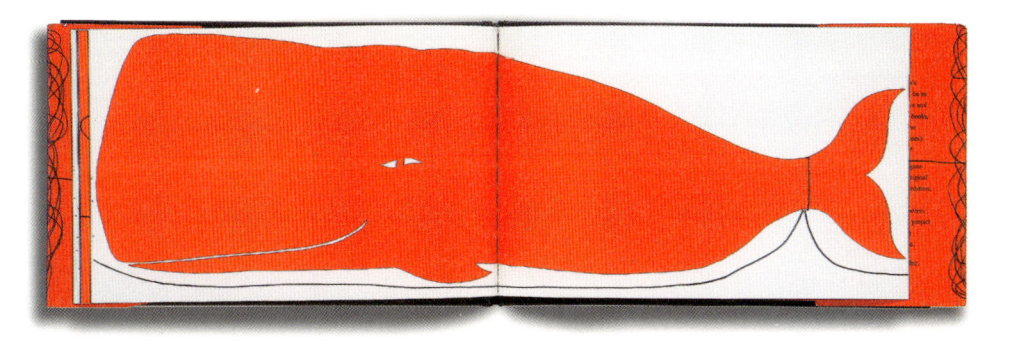

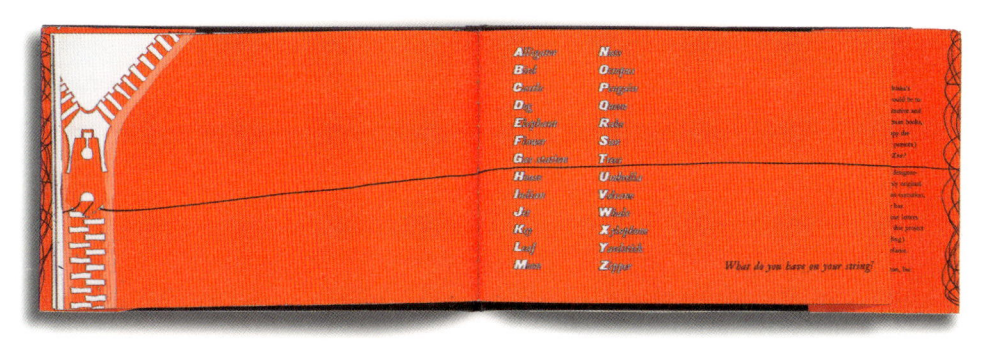

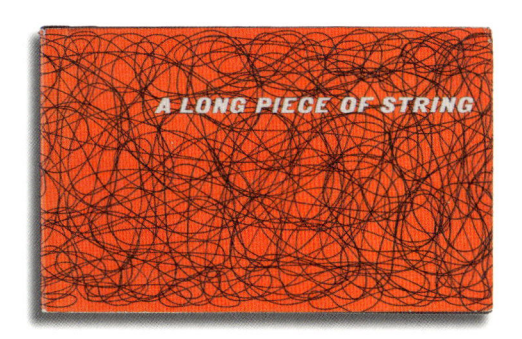

A LONG PIECE OF STRING
William Wondriska
Holt, Rinehart and Winston / 1963

ハーブ・ルバリン
HERB LUBALIN

1918-1981

アメリカ、ニューヨーク生まれ。サドラー＆ヘネシー社を経て、1964年ハーブ・ルバリン社を設立。タイポグラフィを視覚的なモチーフとして巧みに使った作品が多く、文字の新たな可能性を知らしめた。エディトリアルでは、雑誌「アバンギャルド」や「エロス」が有名。

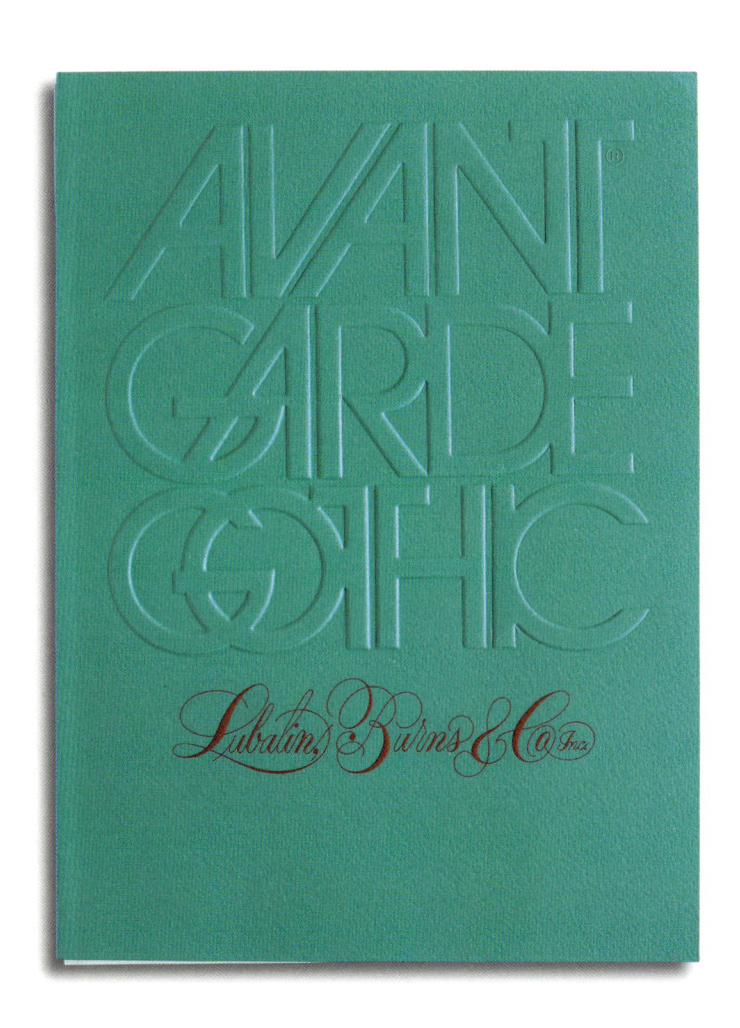

Lubalin, Burns & Co Inc.　Herb Lubalin / Lubalin, Burns & Co., Inc. / 1970

HERB LUBALIN

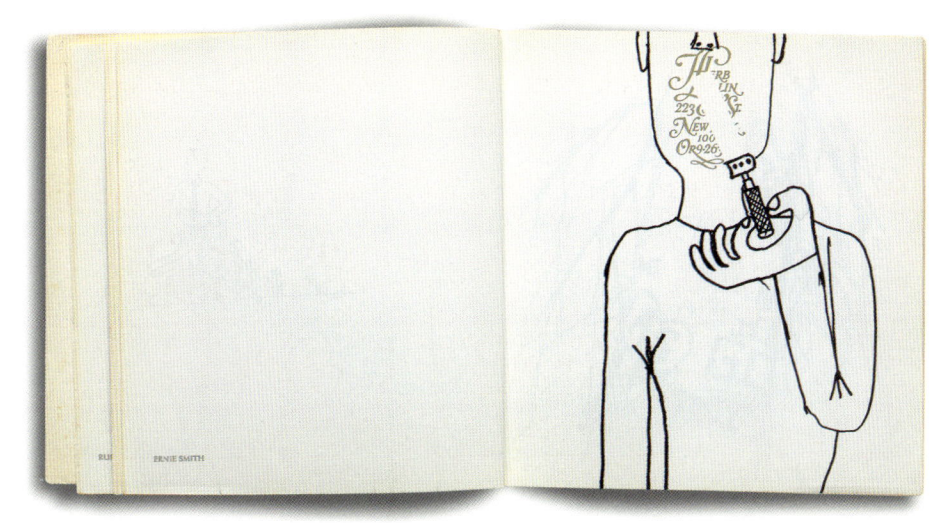

Drawings: Ernie Smith

ハーブ・ルバリン社の有名なロゴタイプをネタに、自社のスタッフや、ジョン・アルコーン、ミルトン・グレイサーといったルバリン所縁の錚々たる面々にカリカチュアを競作させた、ユーモア溢れる展覧会の記録。上の絵は、ルバリンの右腕アーニー・スミスの作。

THE LUBALIN EXPOSITION
Herb Lubalin
THE COMPOSING ROOM, INC.
Drawings: Ernie Smith,etc.

Courtesy of The Herb Lubalin Study Center of Design and Typography at The Cooper Union School of Art

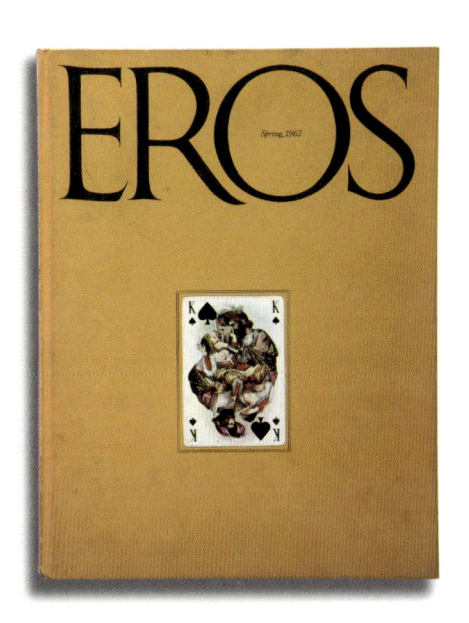

EROS Spring, 1962. Volume One, Number One

EROS Summer, 1962. Volume One, Number Two

猥褻のかどで、僅か4号で廃刊となった、ラルフ・ギンズバーグ編集の伝説の雑誌 『エロス』。そのセンセーショナルな内容もさることながら、ハーブ・ルバリンのデザインも話題になった。二人の共犯関係は、その後、『ファクト』、『アヴァンギャルド』と続いた。

HERB LUBALIN

EROS Autumn, 1962 Volume One,
Number Three

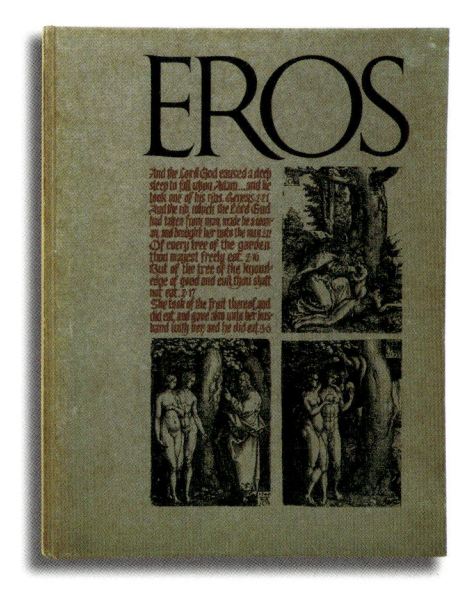

EROS Winter, 1962. Volume One,
Number Four

EROS MAGAZINE / 1962-1963
Art Director: Herb Lubalin

Courtesy of The Herb Lubalin Study Center of Design and
Typography at The Cooper Union School of Art

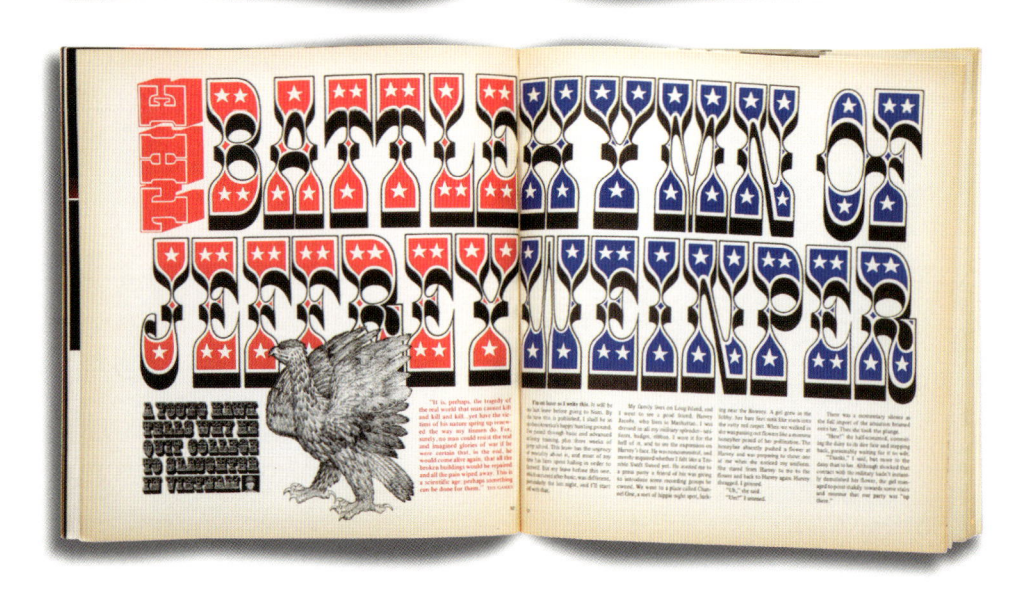

HERB LUBALIN

AVANTGARDE
AVANT-GARDE MEDIA, INC.
1968 September
Art Director: Herb Lubalin

Courtesy of The Herb Lubalin Study Center of Design and
Typography at The Cooper Union School of Art

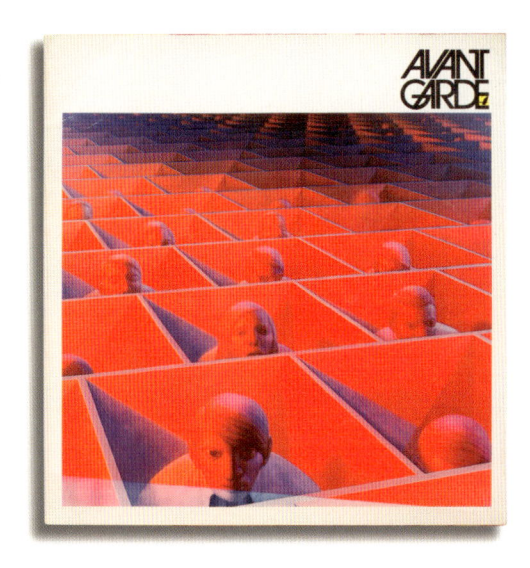

COLUMN 03

メディアはマッサージである

『グーテンベルクの銀河系』などで有名な、メディア論の旗手マーシャル・マクルーハンが、グラフィックデザイナーのクエンティン・フィオーレと組んで作ったヴィジュアル・ブックの傑作が、1967年発行のこの『メディアはマッサージである』だ。ペーパーバック・サイズの小さな版型の中に、写真、イラストレーション、タイポグラフィを大胆に組んだレイアウト、エディトリアル・デザインは当時の人々の度肝を抜き、「ノン・ブック」とか「アンチ・ブック」と呼ばれた。そして、この本とほぼ同時期に刊行されたのが、アスペン・マガジンの4号、通称「マクルーハン・イシュー」である。フィリス・ジョンソン女史による伝説のマルチメディア・マガジン「アスペン」は、23×31センチの箱の中に、ソノシートやさまざまな印刷物を収めたフルクサスのような形態の出版物で、実際にフルクサスのジョージ・マチューナスや、かのアンディ・ウォーホールなども参加したが、この雑誌のコンセプトに、マクルーハンほど相応しい人物はいなかっただろう。

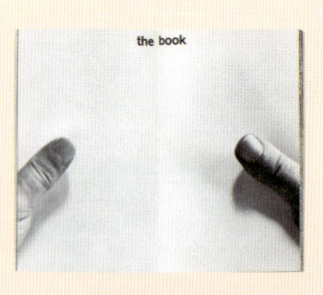

The Medium is the Massage　Marshall McLuhan / Quentin Fiore / Bantam Books / 1967

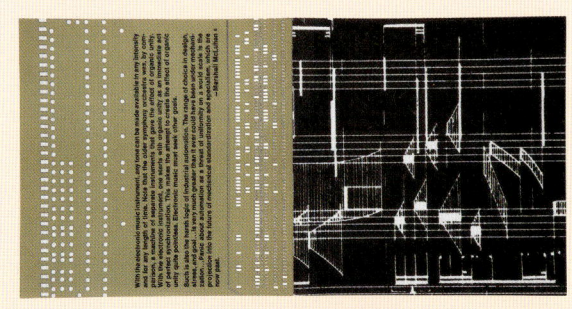

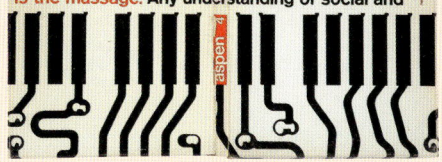

Aspen Magazine No.4
Roaring Fork Press Inc. / 1967

メディアはマッサージである

アレクセイ・ブロドヴィッチ

ALEXEY
BRODOVITCH
1898-1971

ロシア生まれ。1920年代にパリに亡命し、マン・レイやル・コルビュジェら前衛芸術家との交流を持つ。その後30年にアメリカへ渡り、34年から雑誌「ハーパース・バザー」のADに。写真を使った大胆なレイアウト、余白を用いた誌面の斬新さで地位を確立する。

アレクセイ・ブロドヴィッチが、『ハーパース・バザー』誌の仕事と平行して手掛けた伝説のアート誌 『ポートフォリオ』。1949年から2年間で僅か3冊しか発行されなかったが、そのデザインの先進性において、同時代のデザイナーたちに与えた影響は計りしれない。

PORTFOLIO: THE ANNUAL OF THE GRAPHIC ARTS
Zebra Press / 1951
Art Editor: Alexey Brodovitch

ALEXEY BRODOVITCH

第1章　各国編－アメリカ

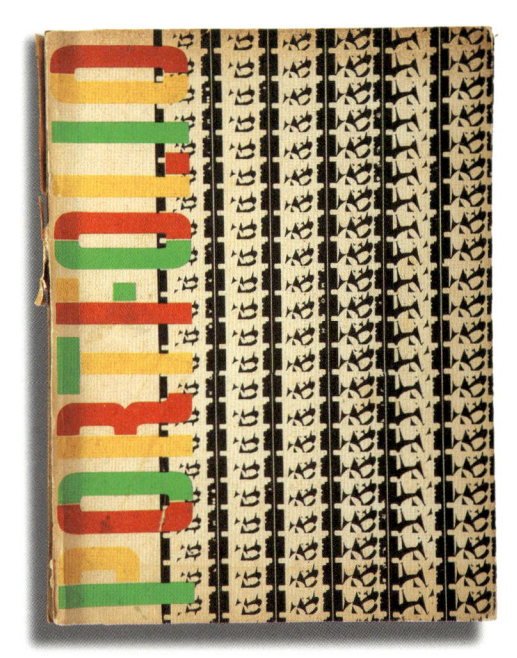

ハーバート・バイヤー

HERBERT BAYER
1900-1985

オーストリア、ハーグ生まれ。1921年にバウハウスに入校。オスカー・シュレンマーとカンディンスキーのもと壁紙工房で学び、職人資格を取る。その後バウハウスで教鞭を執る。38年にナチの手を逃れアメリカに亡命し、グラフィックデザイナーとして活躍した。

World geo-graphic atlas:
a composite of man's environment
Container Corporation of America / 1953
D: Herbert Bayer

HERBERT BAYER

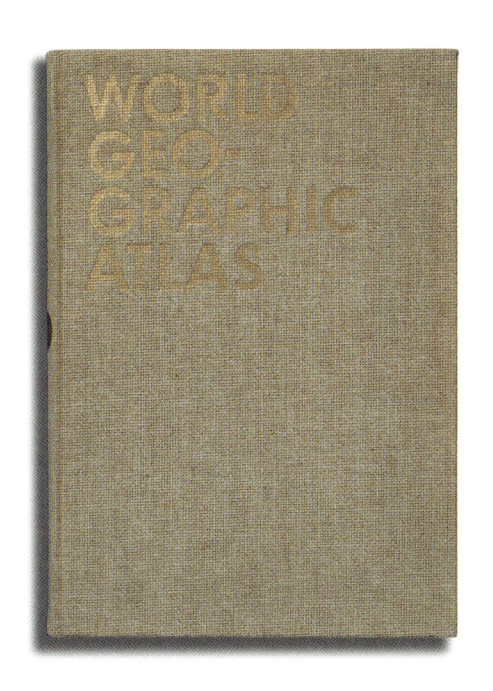

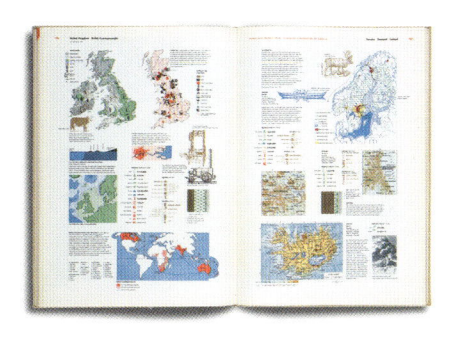

ハーバート・バイヤーの、バウハウス時代に勝るとも劣らぬ偉大な仕事が、この『世界地理地図帖』だ。データをいかに視覚的に見せるか、それこそグラフィックデザイナーの力の見せどころである。この本によって、ブックデザインのさらなる可能性が切り開かれた。

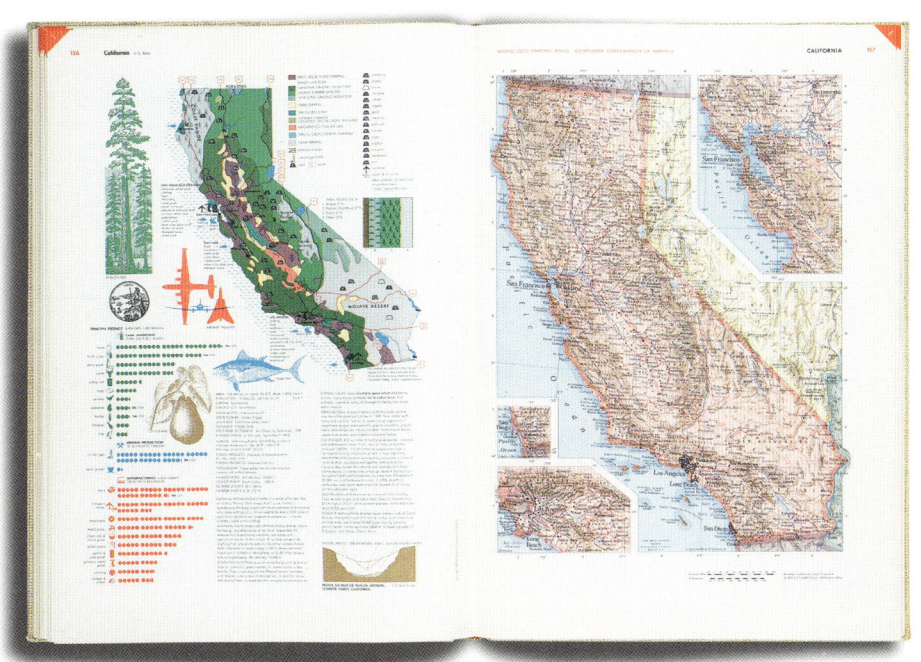

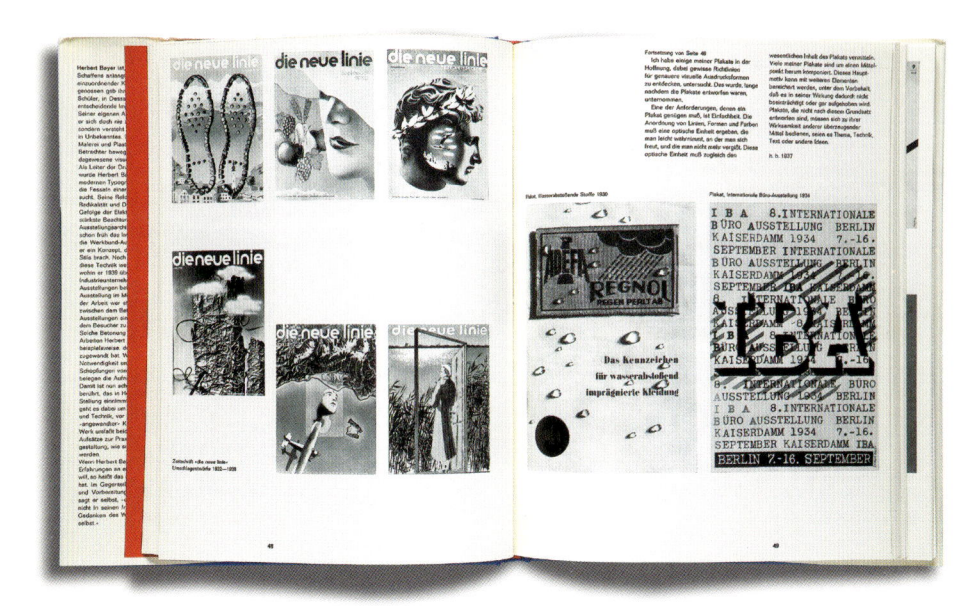

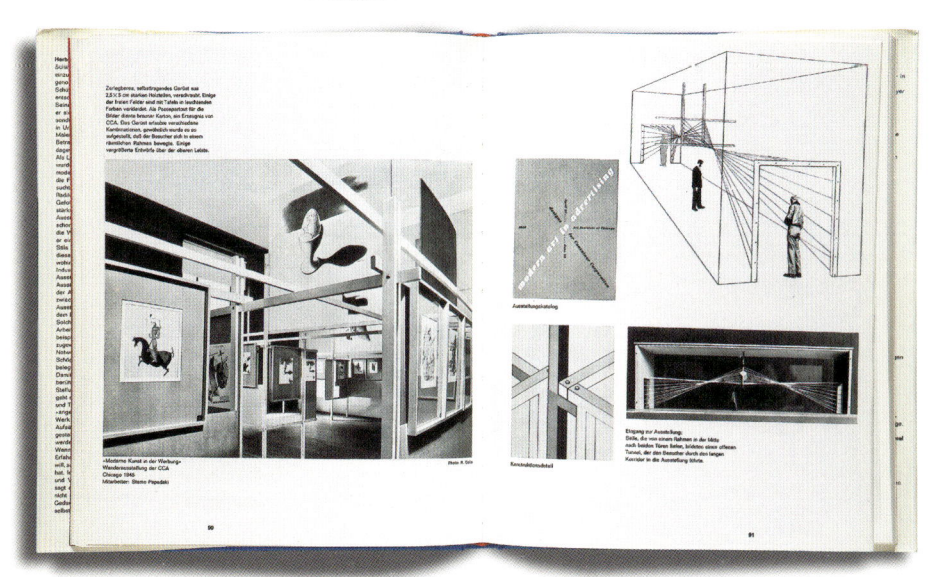

HERBERT BAYER

Visuelle Kommunikation
Architektur Malerei :
das Werk des Künstlers
in Europa und USA
Herbert Bayer / Otto Maier Verlag / 1967

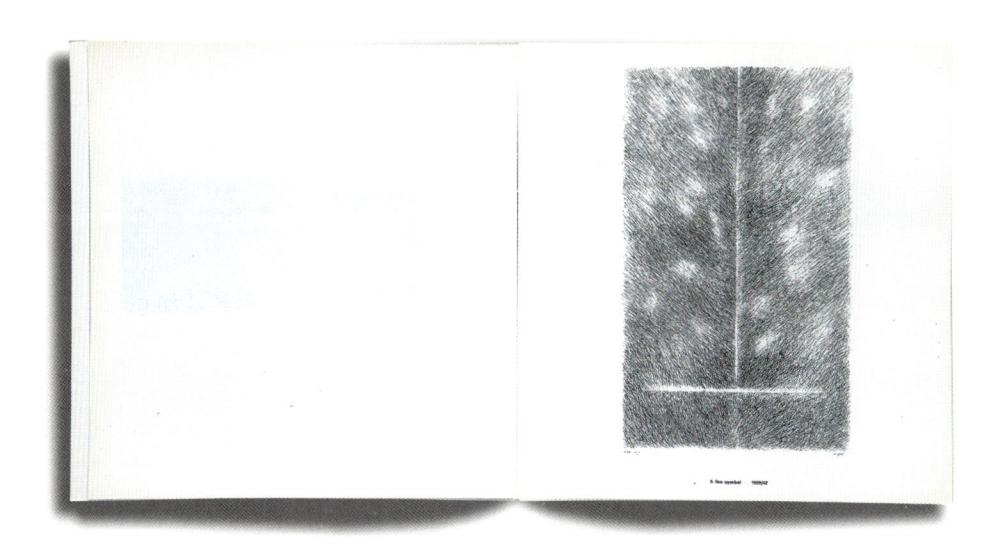

HERBERT BAYER

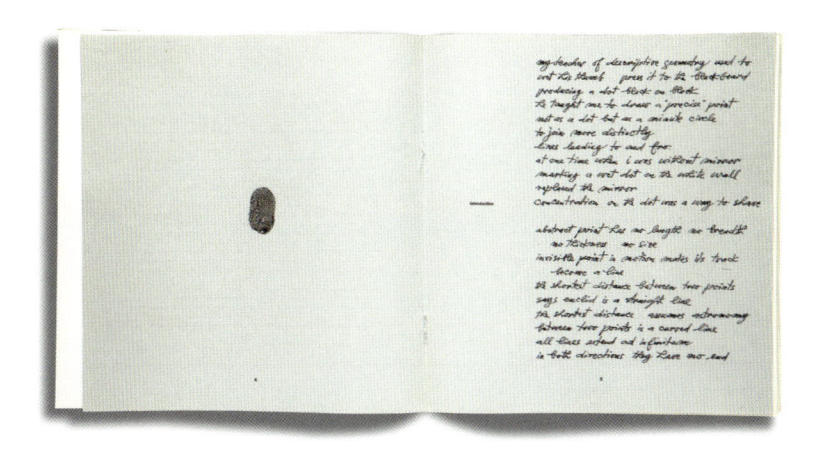

book of drawings
Herbert Bayer / Paul Theobold
1961

ルウ・ドーフスマン

LOU DORFSMAN
1918-

アメリカ、ニューヨーク生まれ。1946年よりアメリカ三大放送局のひとつCBSのデザイン担当クリエイティブディレクターに。以後40年以上にわたり、CBS各社の印刷、TV広告、パッケージング、フィルムタイトル、装丁、DMなどにおいて優れた才能を発揮した。

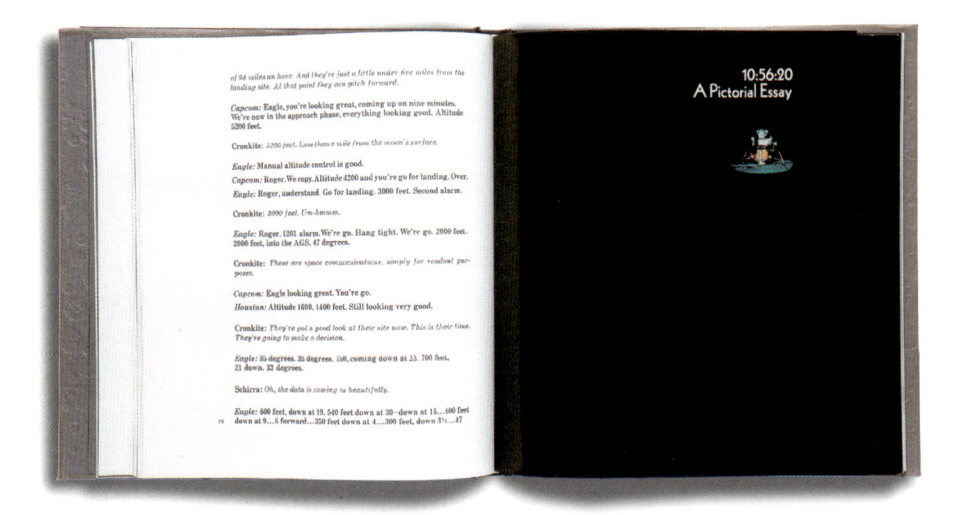

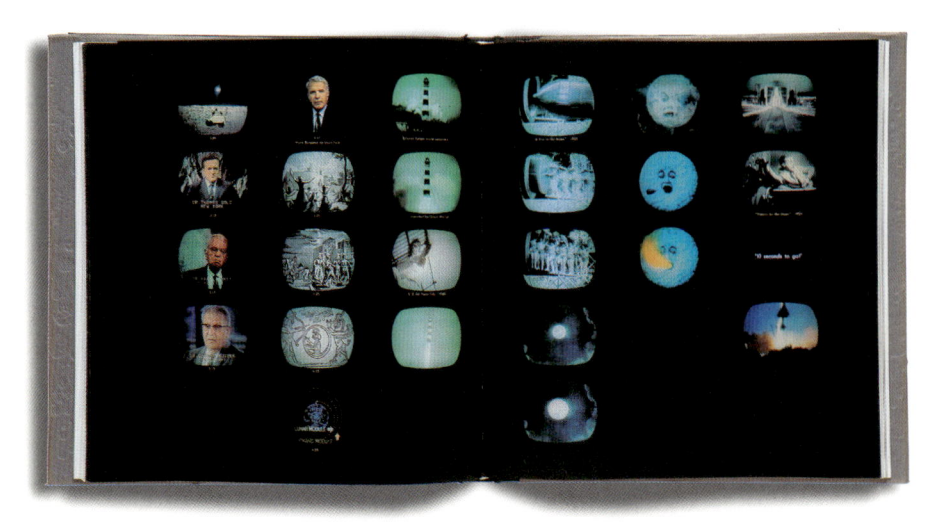

LOU DORFSMAN

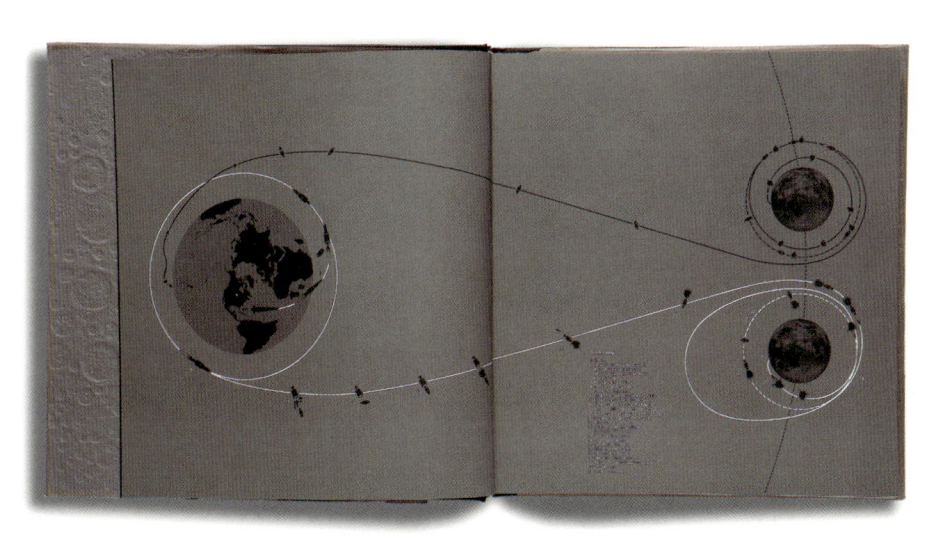

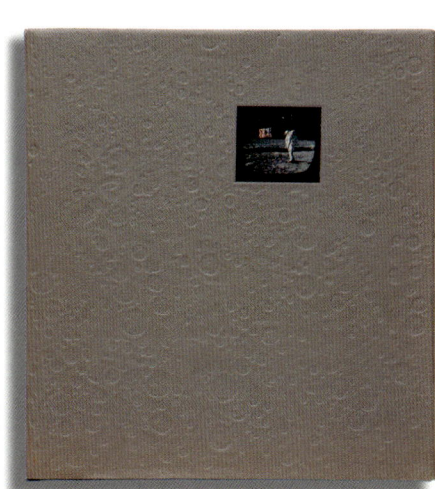

10: 56: 20 PM 7 /20 /69
Columbia Broadcasting System, Inc. / 1970
D: Lou Dorfsman

トミー・アンゲラー
TOMI UNGERER
1931-

フランス、ストラスブール生まれ。1956年にアメリカに渡り、アート、コミック、絵本、広告デザインなどの分野で精力的な活動を行う。ブラック・ユーモアたっぷりで、『フォーニコン』に代表されるエロティックな世界観は、数多くのデザイナーに影響を与えた。

TOMI UNGERER

ルウ・ドーフスマンのディレクションで、ジョン・アルコーンなど毎年さまざまなデザイナーに発注して作られたCBSテレビのダイアリー。1963年はトミー・アンゲラーが担当。まるで落書のように奔放に描かれる、アンゲラーらしい洒脱なイラストレーションが楽しい。

A TELEVISION NOTEBOOK
Drawings: Tomi Ungerer
CBS TELEVISION NETWORK / 1963

TOMI UNGERER

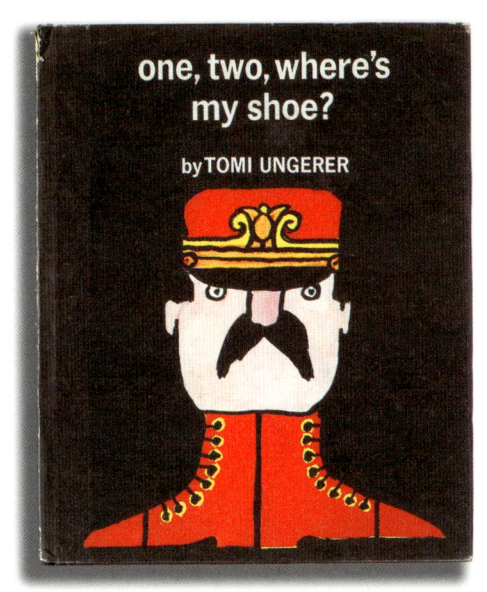

one, two, where's my shoe?
Drawings: Tomi Ungerer
Harper & Row / 1964

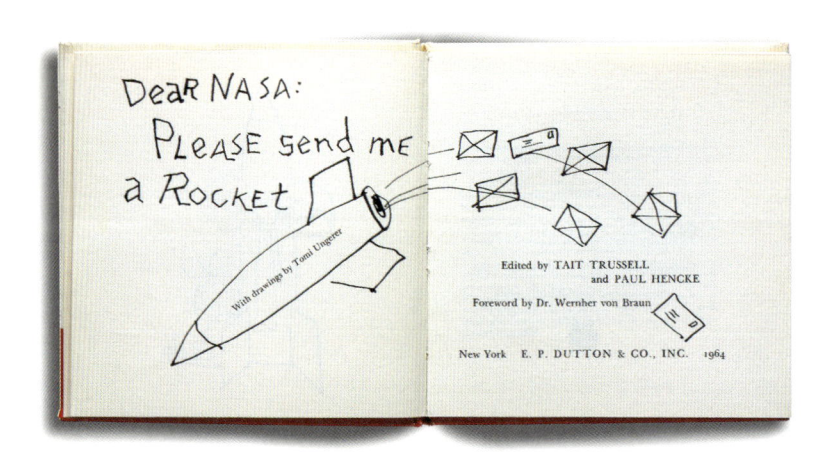

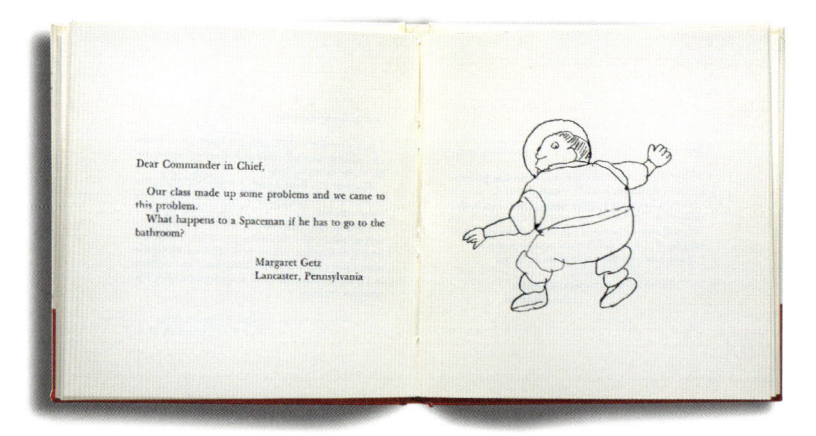

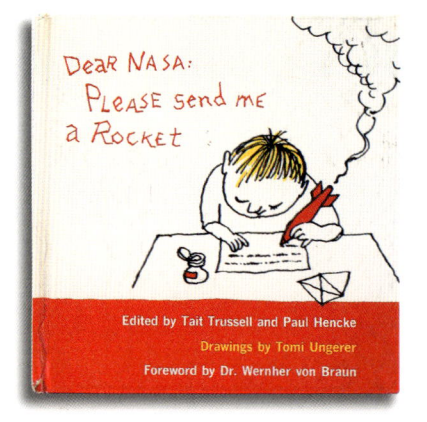

DEAR NASA :
PLEASE SEND ME A ROCKET
Drawings: Tomi Ungerer
DUTTON / 1964

TOMI UNGERER

COLUMN 04
デル社のヴィジュアル・シリーズ

　1960年代には、グラフィックデザイナーが手掛けた図鑑や百科事典が各国で出版された。フランスのロベール・デルピールによる「本質百科」や「ミュルティボン」、スイスのエリック・ニッチェによる「言葉と図鑑」、イギリスのハンス・エルニの「マクドナルド図説文庫」などである。どれも、ハーバート・バイヤーの『世界地理地図帖』や、オットー＆マリー・ノイラート夫妻の「アイソタイプ」を範とした、デザイナーならではの図解・図表表現が魅力的なシリーズである。

　ここで紹介するのは、アメリカのデル社が出した「ヴィジュアル・シリーズ」という、ペーパーバック・サイズのハンディな百科事典のシリーズ。スイスのハイリ・スタイナーが監修を務めたせいか、スイスを中心に、ヨーロッパ寄りの、やや癖のあるデザイナーやイラストレーターが起用されているのが、このシリーズをユニークなものにしている。ポーランドのヤン・レニッツァの『人口爆発』や、スイスのウォーリャ・ホネガー・ラヴァターの『遺伝学』、そしてスイスのガイギー社のデザイナーでもあったジョージ・ジュスティの『心臓』などが傑出している。

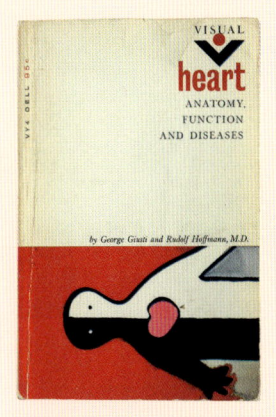

heart:
ANATOMY, FUNCTION AND DISEASE
George Giusti / Rudolf Hoffmann, M.D.
DELL / 1962

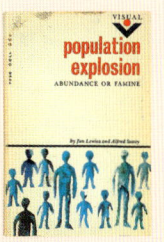

population
explosion:
**ABUNDANCE
OR FAMINE**
Jan Lenica /
Alfred Sauvy
DELL / 1962

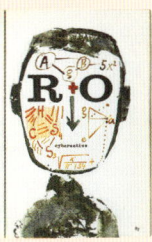

ブルーノ・ムナーリ
BRUNO MUNARI
1907-1998

イタリア、ミラノ生まれ。後期未来派に属しアート活動を行い、1930年に「役に立たない機械」を発表。絵本は42年の『ナンセンスの機械』が初出。以後子どもの創造力を育む絵本を数多く手がける。その豊かで自由な発想は世界中のクリエイターに影響を与えた。

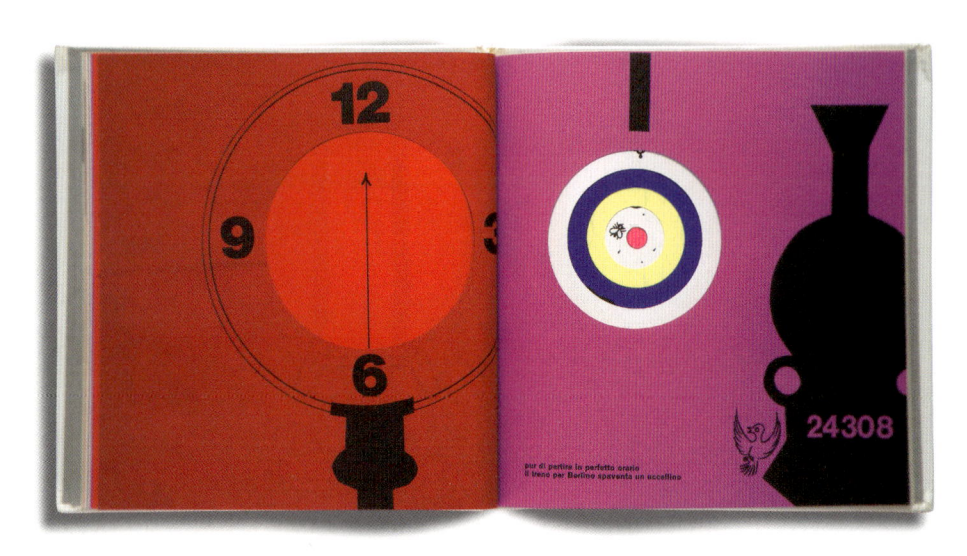

BRUNO MUNARI

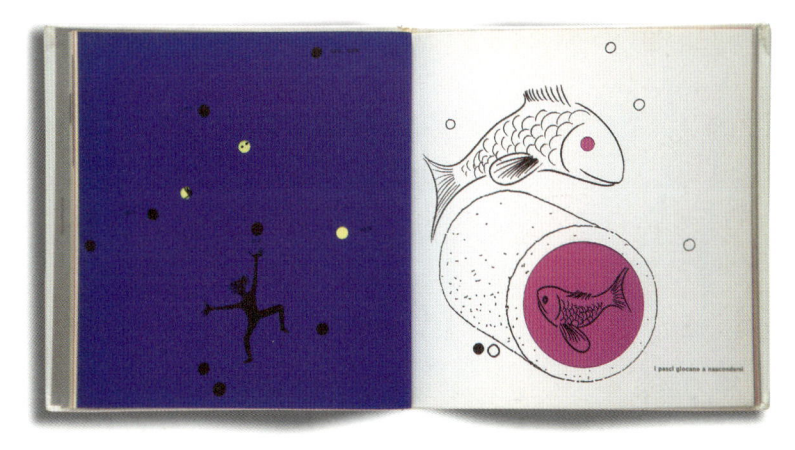

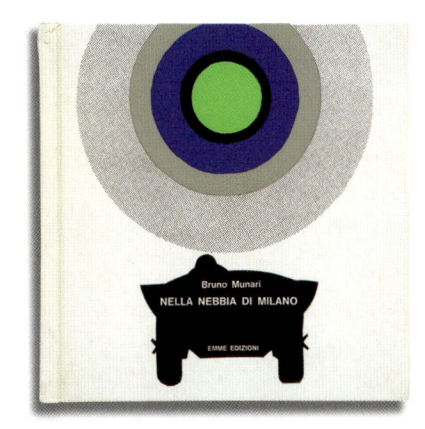

ブルーノ・ムナーリの仕掛け絵本の集大成が、この『きりの中のサーカス』。霧をトレーシングペーパーで表現し、サーカスの演し物の意外性を、ダイカット（切り抜き）のテクニックで見せる心憎い演出。アーティストブック的な手法で作られた、まさに究極の絵本。

NELLA NEBBIA DI MILANO
Bruno Munari
Emme Edizioni / 1968

©Bruno Munari 1968
All rights reserved to Edizioni Corraini
www.corraini.com

BRUNO MUNARI

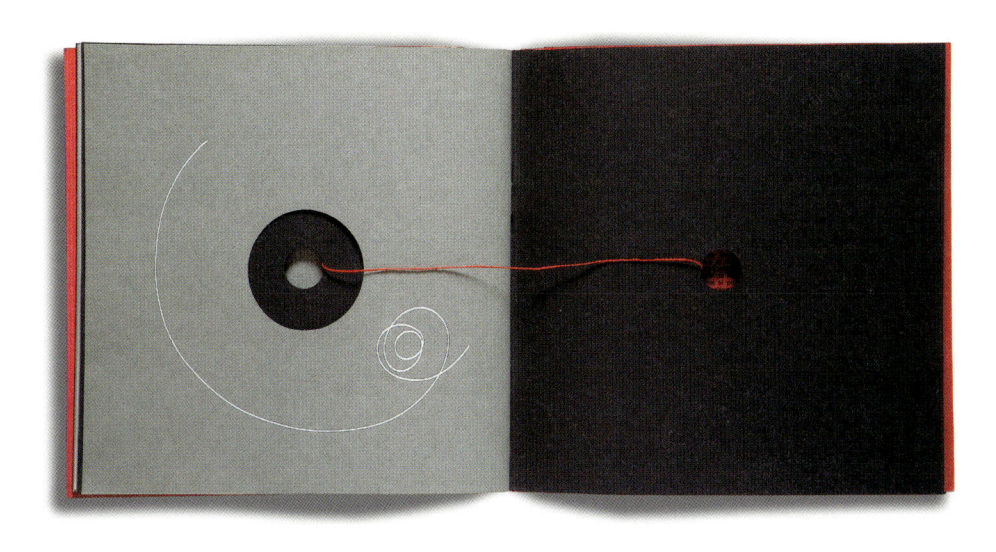

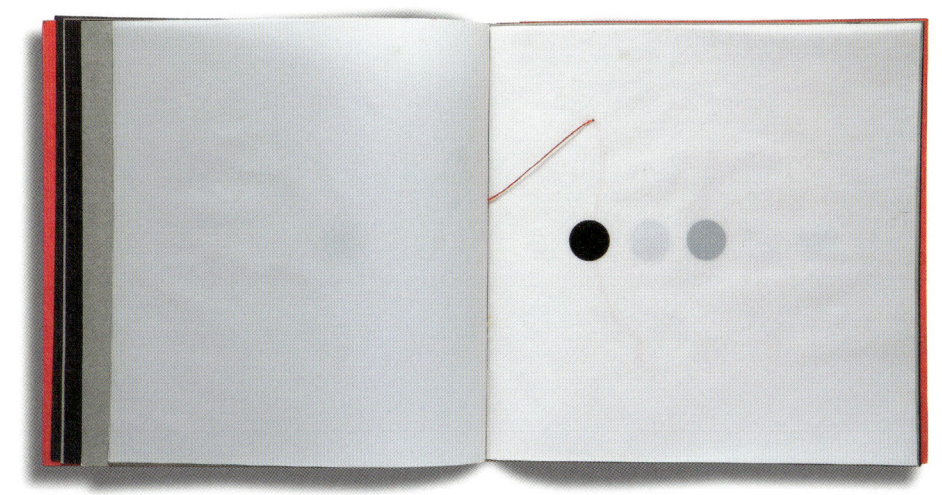

LIBRO ILLEGGIBILE N.Y.1
Bruno Munari
The Museum of Modern Art / 1967

BRUNO MUNARI

NELLA NOTTE BUIA
Bruno Munari
Muggiani editore / 1956

©Bruno Munari 1956
All rights reserved to Edizioni Corraini
www.corraini.com

BRUNO MUNARI

Toc Toc.Who is it?
Open the door
Bruno Munari
The World Publishing Company
1945 / 英語版

©Bruno Munari 1945
All rights reserved to Edizioni Corraini
www.corraini.com

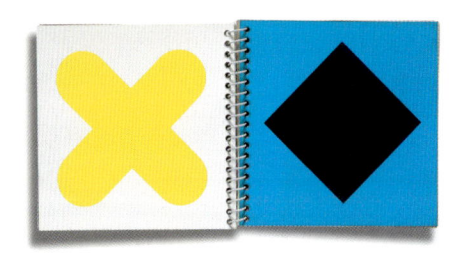

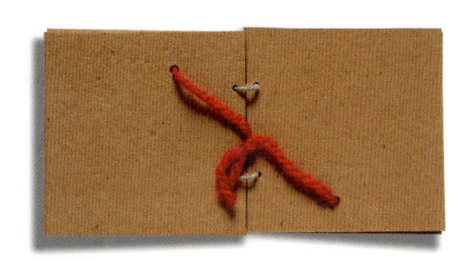

BRUNO MUNARI

ブルーノ・ムナーリの最高傑作の誉れ高い『プレリブリ』は、その名の通り、本を手にする前の、外的世界に第一歩を踏み出す前の乳幼児に向けて作られた、五感で感じる「本」だ。紙、フェルト、ビニールなど、さまざまな素材が、さまざまな形式で綴じられている。

I PRELIBRI
Bruno Munari / Danese / 1980

©Bruno Munari 1980-2002
All rights reserved to Edizioni Corraini
www.corraini.com

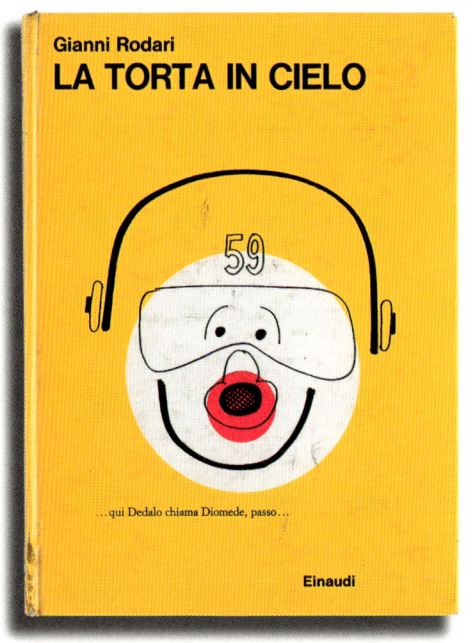

ブルーノ・ムナーリは、このジャンニ・ロダーリの本のデザインを数多く手掛けているが、ここでムナーリは、挿絵が後で入ることを想定した文字組にはあえてしないで、出来上がったレイアウトの余白に、まるで落書のように挿絵を入れるというアイデアを使っている。

LA TORTA IN CIELO
Gianni Rodari / Einaudi / 1966
D: Bruno Munari

BRUNO MUNARI

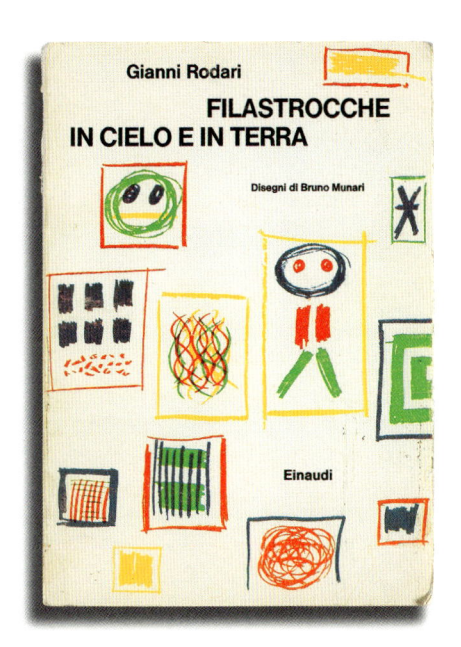

FILASTROCCHE IN CIELO E IN TERRA
Gianni Rodari
Einaudi / 1960 / D: Bruno Munari

エンツォ・マリ
ENZO MARI
1932-

イタリア、ノヴァラ生まれ。コンパッソ・ドーロ賞に4度も輝いた、イタリアを代表するインダストリアル・デザイナー。グラフィックも得意とし、数々の本の装丁や、最初の妻のイエラ・マリと『りんごとちょう』などの絵本を手がける。

ENZO MARI

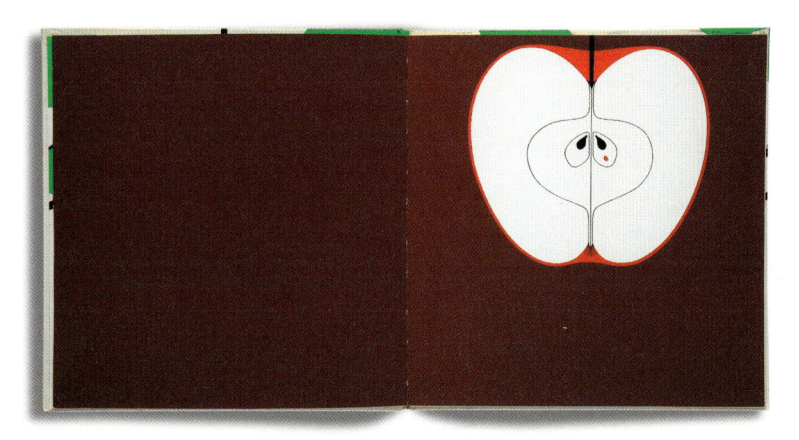

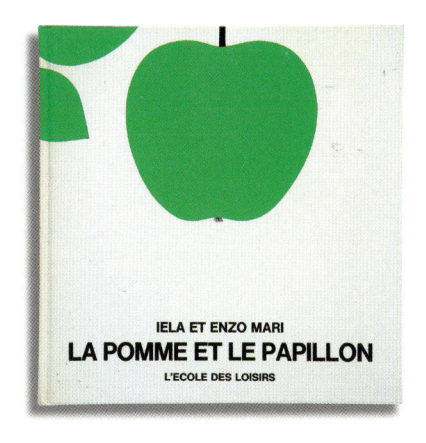

エンツォ・マリが、前妻でもある絵本作家イエラ・マリと作った絵本『りんごとちょう』。りんごに虫が喰い、その虫が蛹から蝶になり、またその蝶がりんごに卵を産みつけ…、という永遠に続くプロセスを、特にイタリア版初版はリング綴じによって巧みに表現していた。

LA POMME ET LE PAPILLON
Iela & Enzo Mari
L'école des loisirs / 1969
フランス版

together with their contemporaries: there are strict connections between these facts, and we must recognize them, if we are to avoid falsity and presumption in giving meaning to our work within the society in which we operate.

november 1968

che non esiste il modo di essere neutrali, perché ogni atto di presunta neutralità è di fatto un atto di consenso ai processi di integrazione. Non basta interessarsi di creatività, o di psicologia dinamica o di psicologia dei gruppi: bisogna sapere che la maggior parte delle ricerche condotte su base scientifica in merito a questi problemi sono state finanziate nell'ambito dei programmi militari dei paesi imperialisti, bisogna spiegarsi come mai i bambini giocano alla guerra e non alla pace o alla rivoluzione, come mai tengono più a vestire divise da generali, da poliziotti, da soldati, da funzionari e burocrati piuttosto che giocare nudi assieme ai loro coetanei: vi sono delle strette relazioni tra questi fatti, e noi dobbiamo conoscerle per collocare senza falsità e presunzione, nel sistema in cui operiamo, il senso del nostro lavoro.

novembre 1968

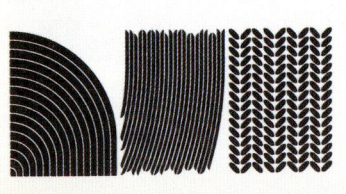

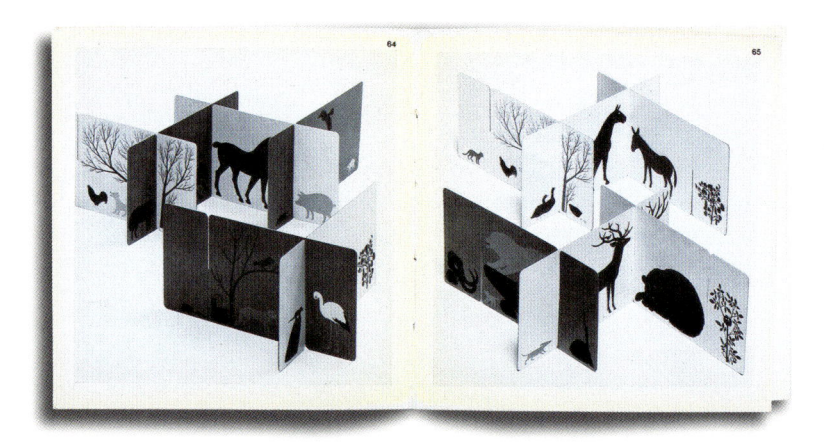

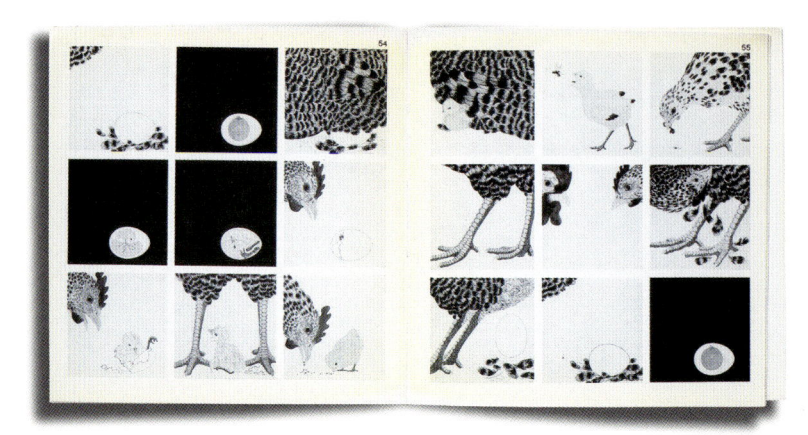

ENZO MARI

I GIOCHI PER BAMBINI DI ENZO MARI
Enzo Mari / Officina d'Arte Grafica A. Lucini / 1969

エウジェニオ・カルミ
EUGENIO CARMI

1920-

イタリア、ジェノア生まれ。1957年から1966年までイタリアの鉄鋼会社イタルシーダー社のデザインコンサルタントを務め、その後フリーのデザイナーに。また、『薔薇の名前』で有名な哲学者、作家のウンベルト・エーコの本の装幀や挿画を多数手がけている。

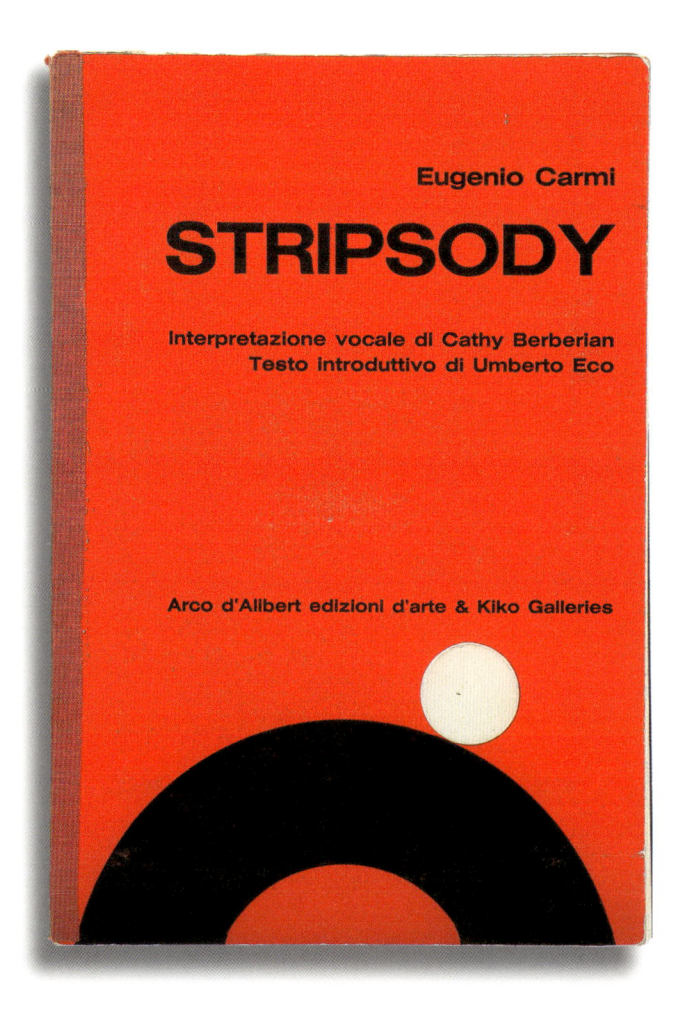

エウジェニオ・カルミが、ワンドリスカの『ザ・サウンド・オブ・シングズ』に倣うように、様々な擬音語（オノマトペ）を、タイポグラフィーなどを駆使して視覚化した絵本。堀内誠一の『あいうえお』と同様、実際の音を収めた7インチのレコードが付属している。

STRIPSODY　Eugenio Carmi / Arco d'Alibert edizioni d'arte & Kiko Galleries / 1966

EUGENIO CARMI

第1章　各国編－イタリア

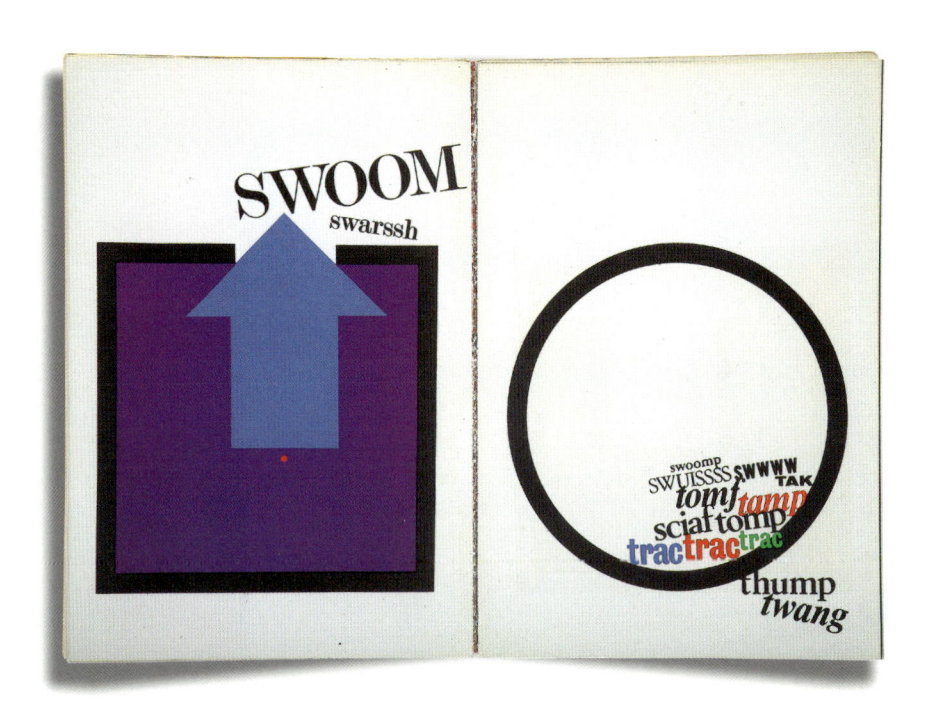

ジョバンニ・ピントーリ

GIOVANNI PINTORI
1912-

イタリア、サルディーニャ生まれ。1936年にモストラ・デアエロナウティカ社からオリベッティ社へ。エジディオ・ボンファンテと共にオリベッティ全盛期のCIデザインを統括。無機質なプロダクトに弾ける色彩の花を咲かせ、高い評価を得る。

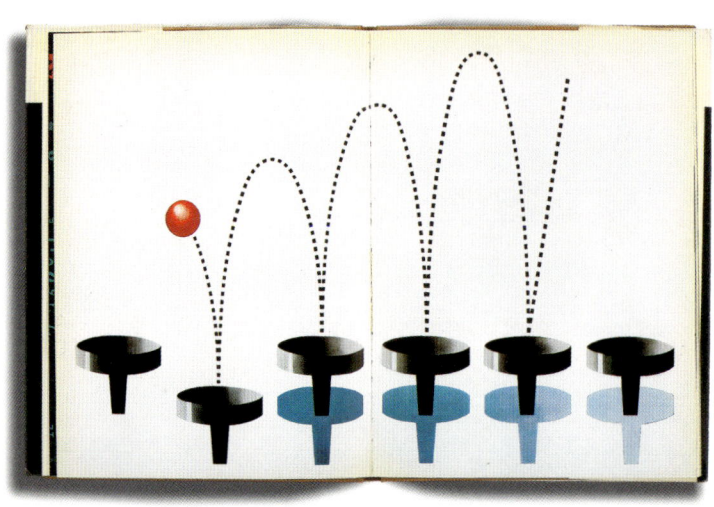

GIOVANNI PINTORI

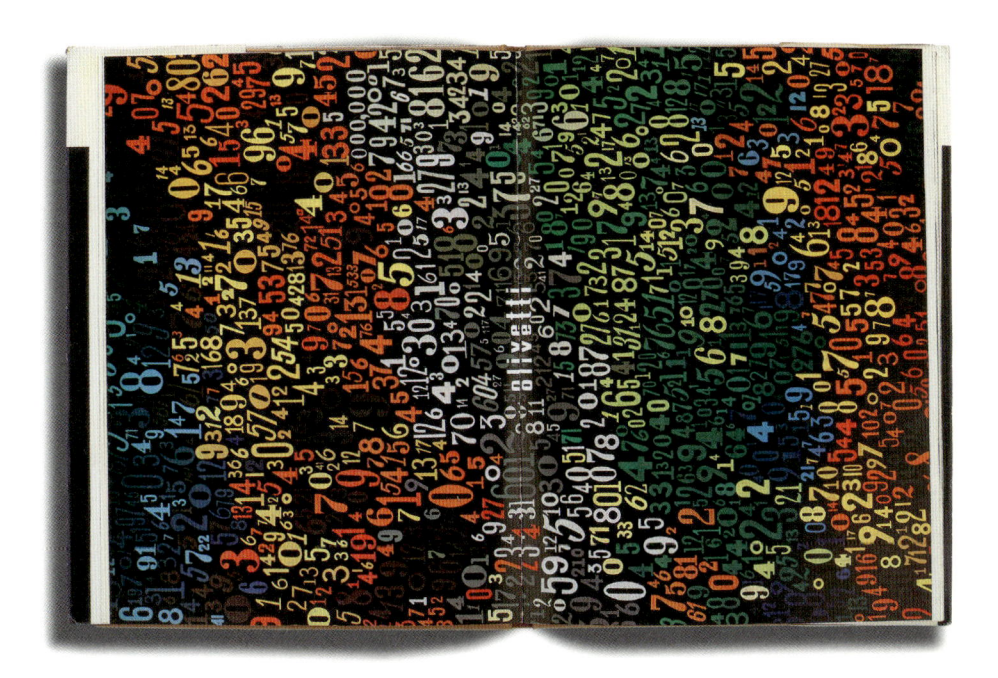

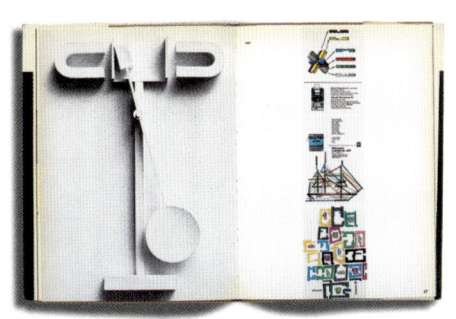

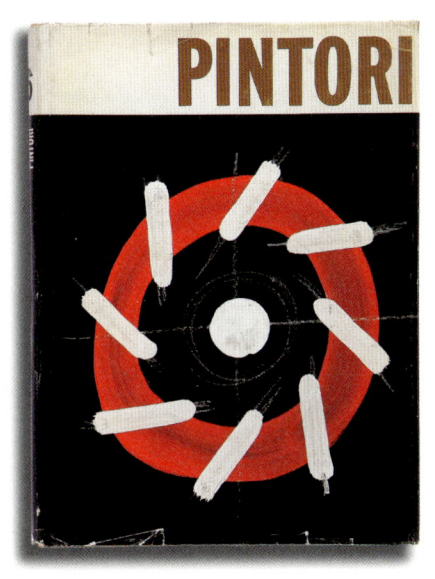

Quaderini di IMAGO / 6
Giovanni Pintori / Bassoli Fotoincisioni / 1967

A G FRONZONI

AG・フロンゾーニ

1923-2002

イタリア、トスカーナ生まれ。1947年に雑誌「プンタ」の立ち上げに参加、65年にはインテリア雑誌「カーサベッラ」の編集を務める。グラフィック、建築、工業デザイン、インテリア、空間と活動は幅広い。ミニマルでストイックなデザインに定評がある。

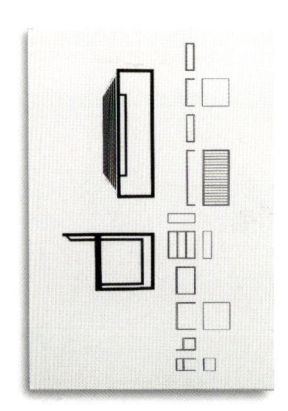

ミラノのスパツィオ・カルデラーラ（spazio Calderara）における個展インヴィテーション
A G Fronzoni / 2001

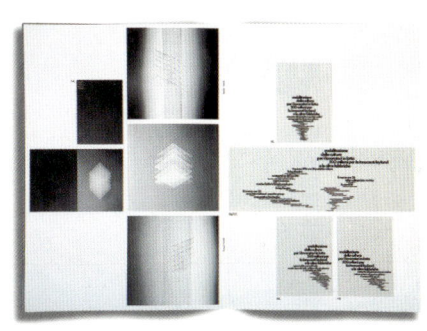

ミラノのアイアップ（Aiap）ギャラリーにおける個展カタログ
A G Fronzoni / 1992

HEINZ WAIBL

ハインツ・ワイブル

1931-

ヴェローナ生まれ。スイスの巨匠マックス・フーバーに師事。イタリアのテレビ局RAIを始め、ピレーリ、オリベッティの広告デザインを手がける。スイス派の構成主義的要素とイタリアン・グラフィックの闊達なテイストという両極を併せ持つ。

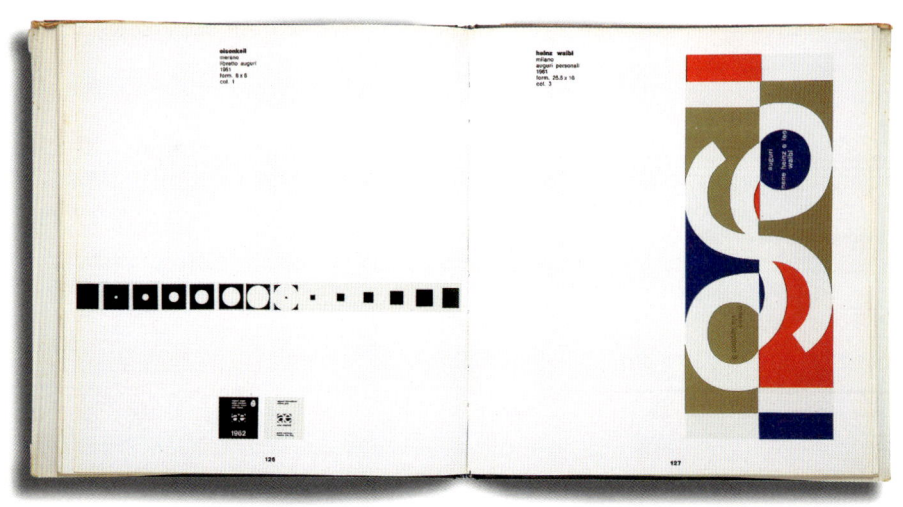

HEINZ WAIBL

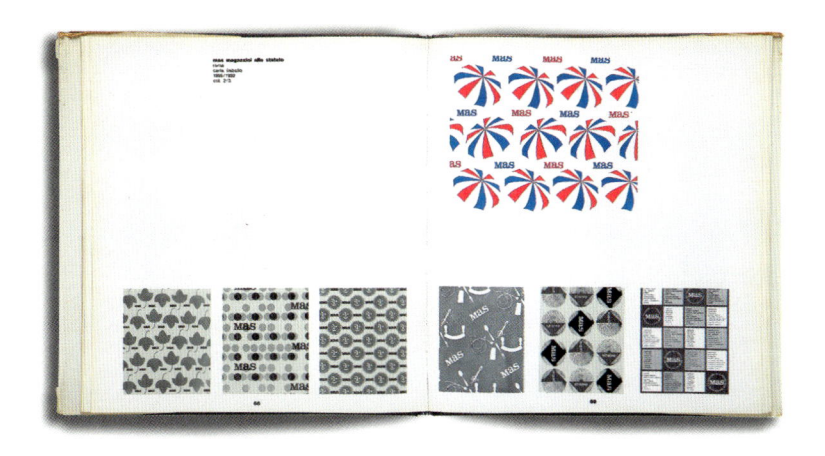

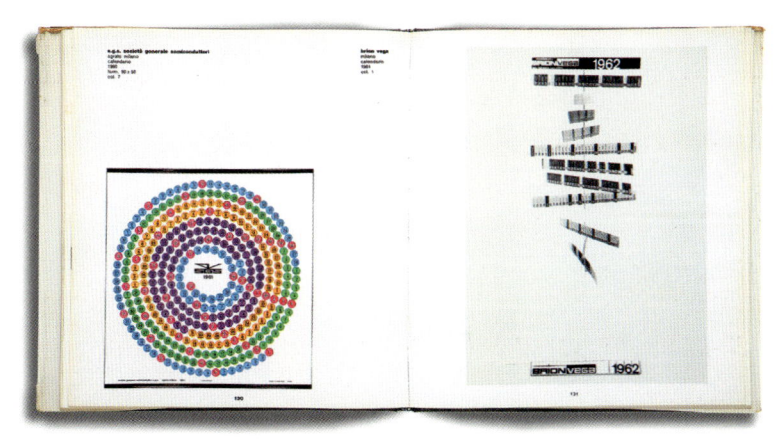

disegno grafico in pubblicità /
graphic design in advertising
Heinz Waibl
görlich editore / 1962

リッカルド・マンツィ

RICCARDO MANZI
1913-

イタリア、ローマ生まれ。数々の新聞にて編集を担当し、多くのイラストレーターや映画関係者とと交流を持つ。1953年よりミラノのギャラリーにてイラストレーション作品を発表。その後、雑誌「グラフィス」やピレーリの広告等でユーモア溢れる作品を世に送り出している。

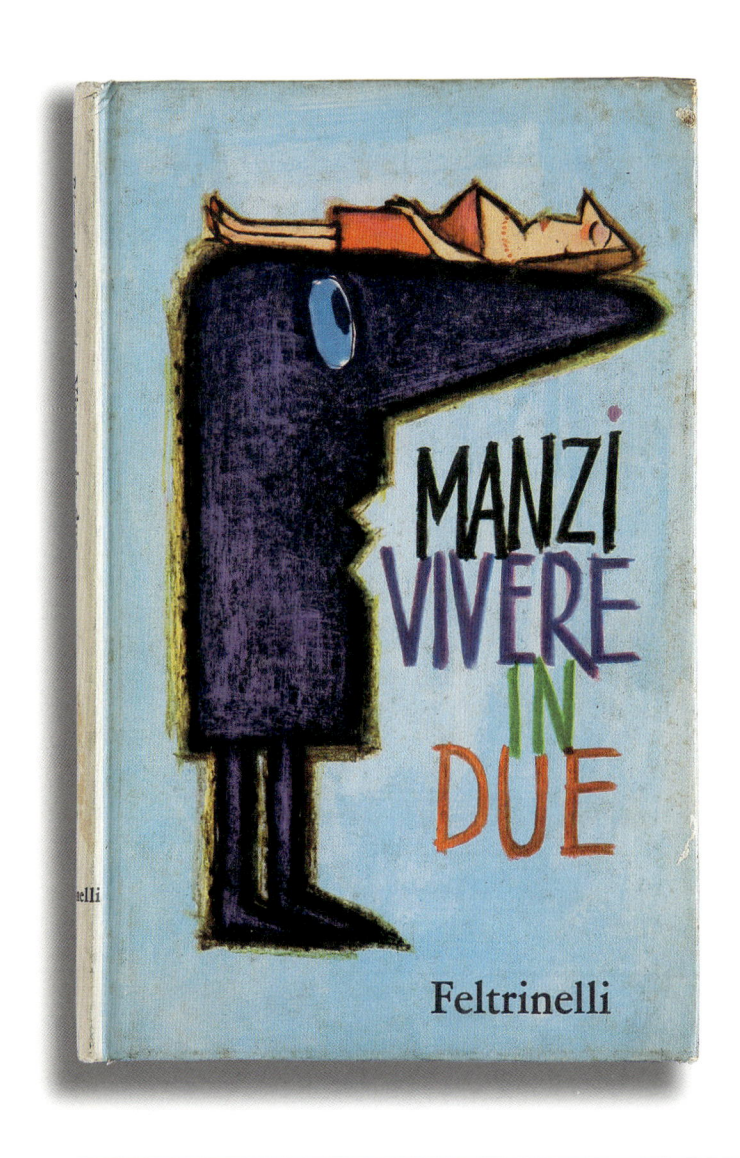

Vivere in due
Riccardo Manzi
Feltrinelli / 1961

RICCARDO MANZI

IL GAZZETTINO DI MANZI
Riccardo Manzi
MARTELLO / 1967

RICCARDO MANZI

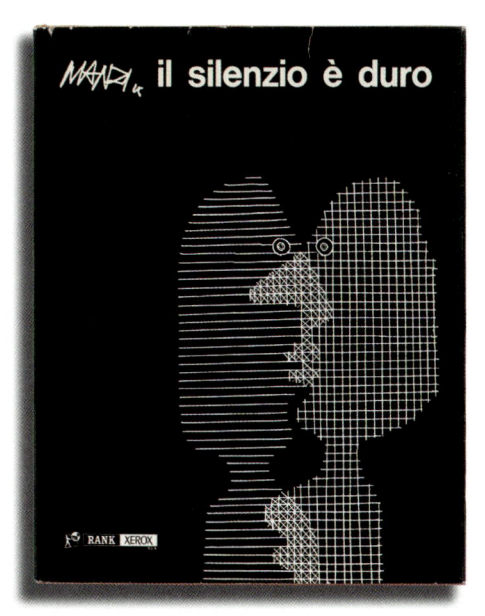

イタリアのスタインバーグの異名をとるリッカルド・マンツィが、ランク・ゼロックス社（コピー機で有名なゼロックス社とイギリスの映画会社ランク社との合弁会社）のプロモーション用に作った、ゼロックス・コピーだけで印刷したイラストレーション・ブック。

il silenzio è duro
Riccardo Manzi
RANK XEROX S.p.A. / 1965

タンティバンビーニ
TANTIBAMBINI

　ブルーノ・ムナーリが、1972年からイタリアのエイナウディ社で監修した絵本のシリーズが、この「タンティバンビーニ」(イタリア語で「たくさんの子どもたち」という意味)。版型はムナーリが好んだ正方形(23×23センチ)だが、中綴じの簡素な造りで、シリーズ中2冊の絵本を担当したアオイ・フーバー(拙著『グラフィックデザイナーのブックデザイン』に掲載)によると、キオスクなどで手軽に買えるというコンセプトのものだったらしい。

　ムナーリは、同じく出版社で1960年に出した名作『アルファベティエーレ』を、このシリーズの中で出し直したり、新たに「ずきんちゃん」シリーズや、『サラダのバラ』などを書き下ろしたが、アオイ・フーバー同様、ムナーリに所縁の深いデザイナーたちにも絵本を作る場を与えた。ジャンカルロ・イリプランディ、ピノ・トヴァリア、アニメーターのエマニュエーレ・ルザッティ、そしてフランスからはアンドレ・フランソワと、錚々たるクリエイターが名を連ねている。

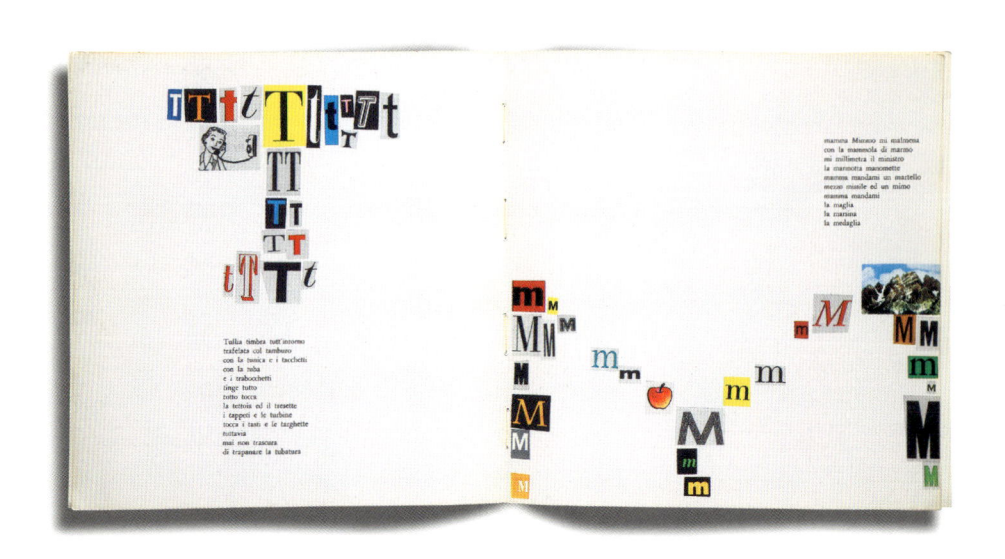

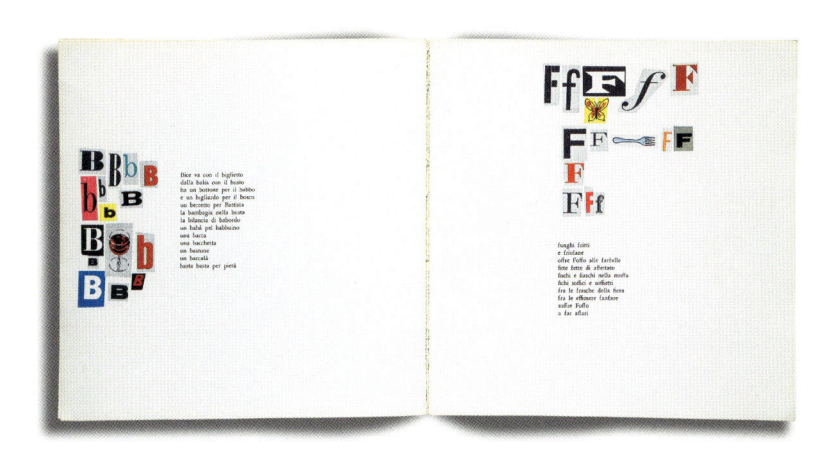

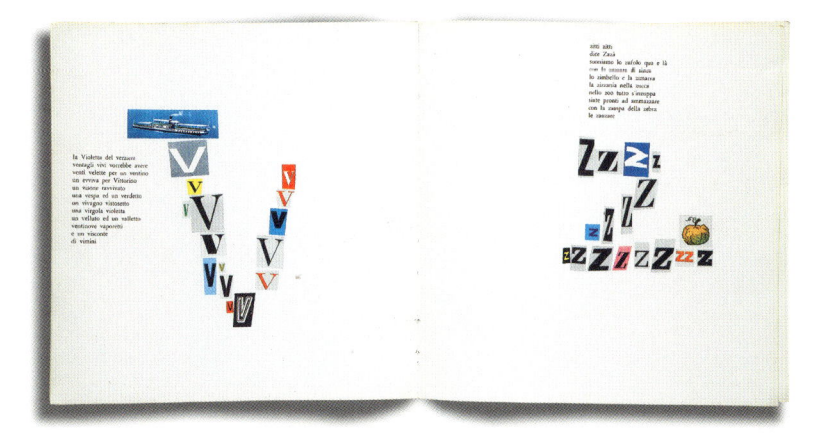

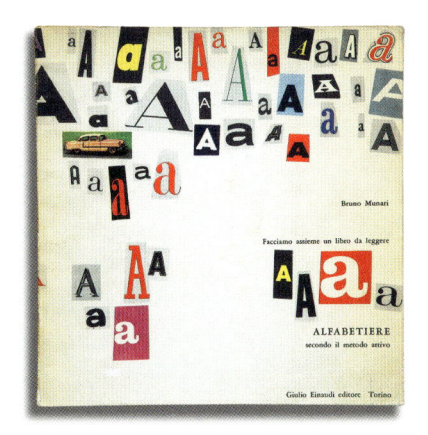

ALFABETIERE
Bruno Munari
Einaudi / 1960 / D: Bruno Munari

©Bruno Munari 1960
All rights reserved to Edizioni Corraini
www.corraini.com

Per andare dalla nonna Cappuccetto deve attraversare il traffico della città, il che è molto pericoloso, come attraversare il bosco.

Anche nel traffico ci sono i pericoli, ma Cappuccetto ha un piano segreto, d'accordo con i suoi amici canarini.

A un cenno di Cappuccetto tutti i canarini vanno a posarsi e a svolazzare intorno al semaforo! Che confusione! Nessuno vede più i segnali, e si forma un ingorgo di traffico dove il lupo deve restare e non può più uscire. Cappuccetto Giallo attraversa tranquillamente la strada per andare dalla sua nonna.

TANTIBAMBINI

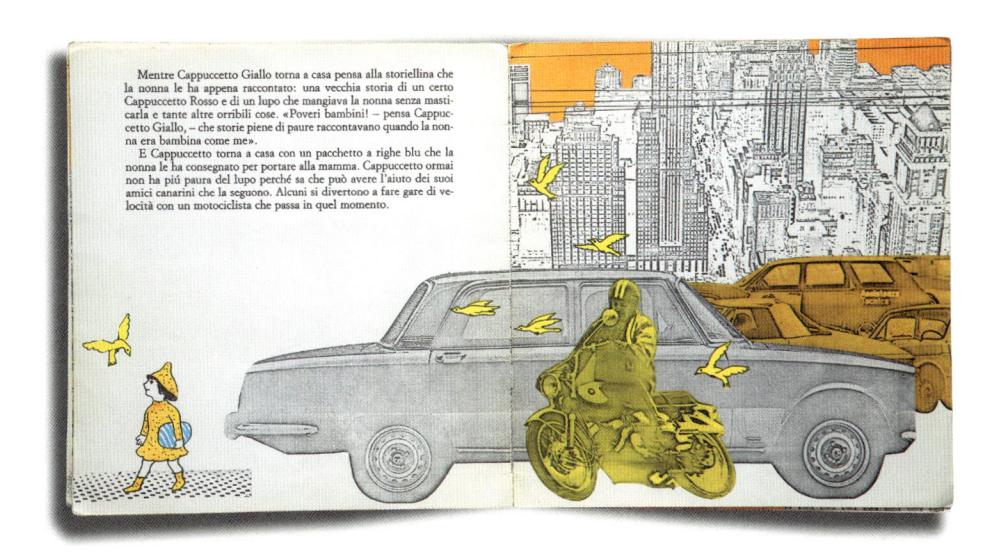

Mentre Cappuccetto Giallo torna a casa pensa alla storiellina che la nonna le ha appena raccontato: una vecchia storia di un certo Cappuccetto Rosso e di un lupo che mangiava la nonna senza masticarla e tante altre orribili cose. «Poveri bambini! – pensa Cappuccetto Giallo, – che storie piene di paure raccontavano quando la nonna era bambina come me».

E Cappuccetto torna a casa con un pacchetto a righe blu che la nonna le ha consegnato per portare alla mamma. Cappuccetto ormai non ha più paura del lupo perché sa che può avere l'aiuto dei suoi amici canarini che la seguono. Alcuni si divertono a fare gare di velocità con un motociclista che passa in quel momento.

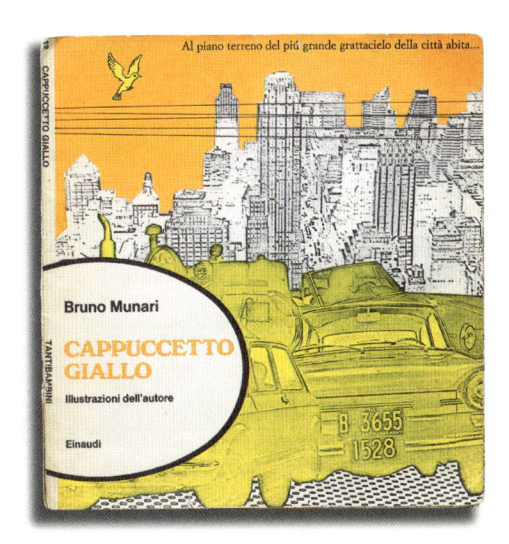

ブルーノ・ムナーリは、この頃ゼロックス・コピーによる表現の可能性を探っていたが、「黄いろずきんちゃん」が都会の中で遭遇する狼、ならぬ自動車のスピード感、その怖さを、コピーが失敗したときに出来る、あのモアレのような白黒映像を使って巧みに表現した。

CAPPUCCETTO GIALLO
Bruno Munari / Einaudi / 1972
D & I: Bruno Munari

©Bruno Munari 1972
All rights reserved to Edizioni Corraini
www.corraini.com

– Ma è soltanto l'insalata che si può usare per timbrare? – dice Carlino.
– E il sedano? – dice Giorgio.
– E la cipolla?
dice Fabrizio piangendo. – E il peperone?
Cosa fa il peperone? – dice Giorgio che è un buongustaio.
Ecco il sedano in queste pagine.
Anche lui, secondo come lo si taglia e secondo come lo si inchiostra, dà delle figure diverse.

È una cipolla tagliata, di quelle che fanno piangere. Che ridere!

E anche questa è una cipolla inchiostrata un poco nel rosso e un poco nel verde.

E questo è il porro, tagliato nel gambo.

E questo è ancora il porro timbrando le radici.

Ecco il signor cetriolo, un poco monotono: ma cambia colore ogni tanto.

Questo è il gambo della zucchina: sembrano delle tartarughine...

E questo è mezzo fagiolo.

E questo si ottiene tagliando il baccello della fava.

E queste rotelline da dove vengono?

Avete mai visto le rose nell'insalata? Io sì...

Bruno Munari
ROSE NELL'INSALATA
illustrazioni dell'autore
Einaudi

ROSE NELL'INSALATA
Bruno Munari / Einaudi / 1974
D & I: Bruno Munari

©Bruno Munari 1974
All rights reserved to Edizioni Corraini
www.corraini.com

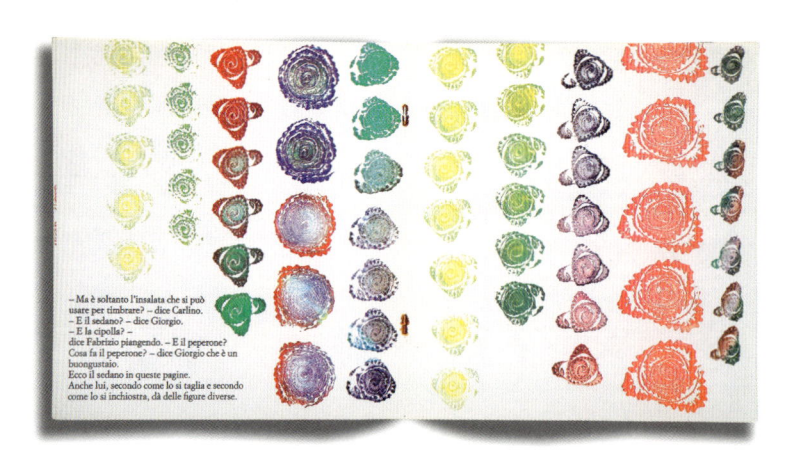

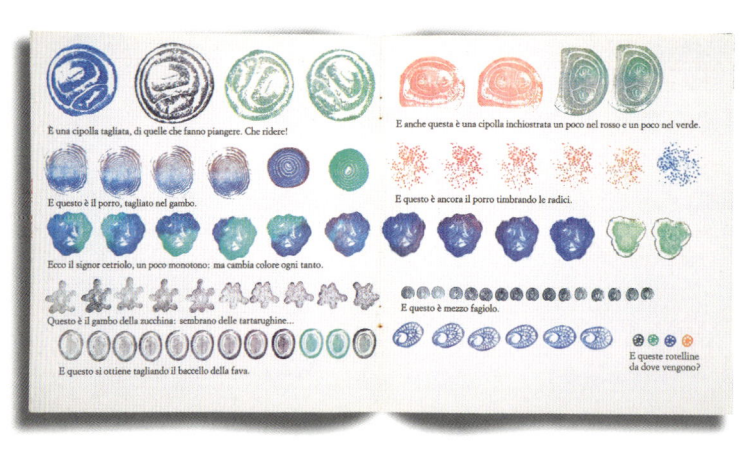

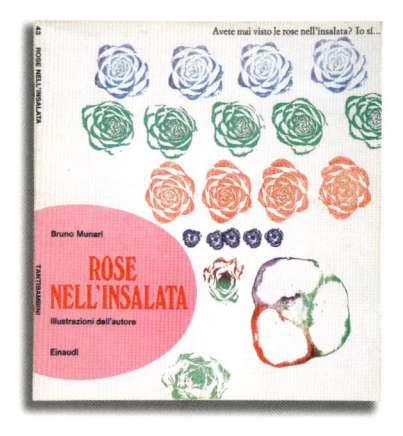

TANTIBAMBINI

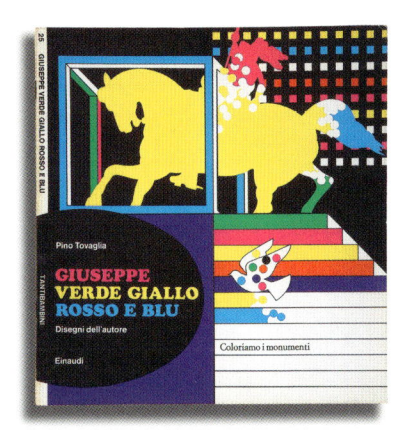

GIUSEPPE VERDE GIALLO ROSSO E BLU
Pino Tovaglia / Einaudi / 1973
D: Pino Tovaglia

©Pino Tovaglia1973
All rights reserved to Edizioni Corraini
www.corraini.com

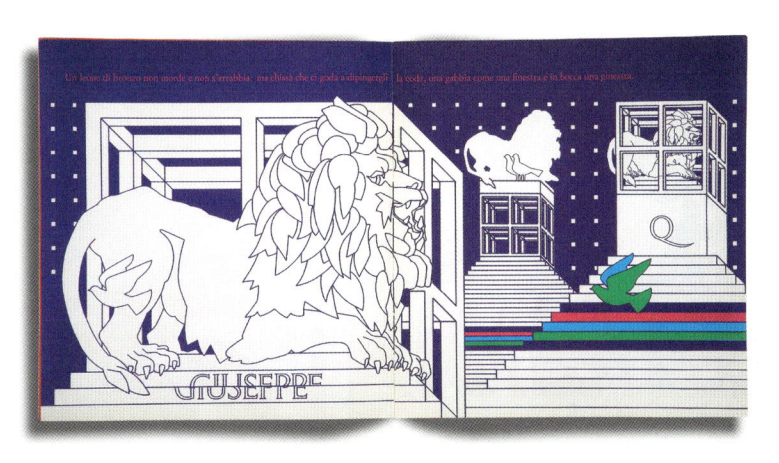

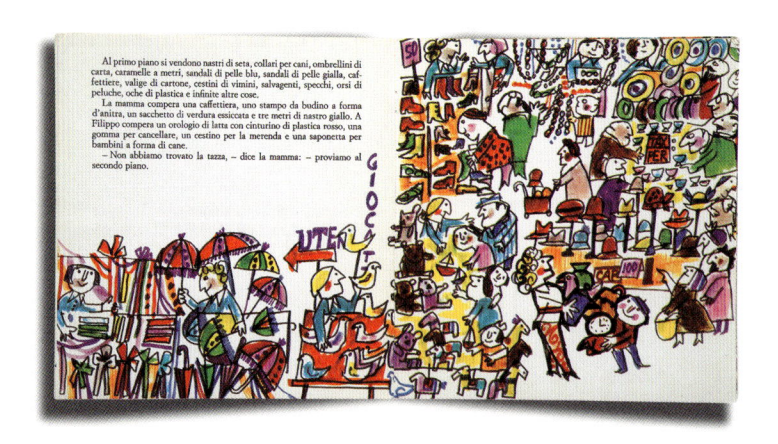

Al primo piano si vendono nastri di seta, collari per cani, ombrellini di carta, caramelle a metri, sandali di pelle blu, sandali di pelle gialla, caffettiere, valige di cartone, cestini di vimini, salvagenti, specchi, orsi di peluche, oche di plastica e infinite altre cose.
La mamma compera una caffettiera, uno stampo da budino a forma d'anitra, un sacchetto di verdura essiccata e tre metri di nastro giallo. A Filippo compera un orologio di latta con cinturino di plastica rosso, una gomma per cancellare, un cestino per la merenda e una saponetta per bambini a forma di cane.
– Non abbiamo trovato la tazza, – dice la mamma: – proviamo al secondo piano.

Ibi Lepscky

VOGLIO COMPERARE UNA TAZZA GIALLA
CON UNA OCHETTA BLU

Illustrazioni di Emanuele Luzzati

TANTIBAMBINI

Einaudi

– Oggi andiamo ai Grandi Magazzini Bongo, – dice la mamma...

VOGLIO COMPERARE UNA TAZZA GIALLA
Ibi Lespscky / Einaudi / 1974 / D: Bruno Munari   I: Emanuele Luzzati

TANTIBAMBINI

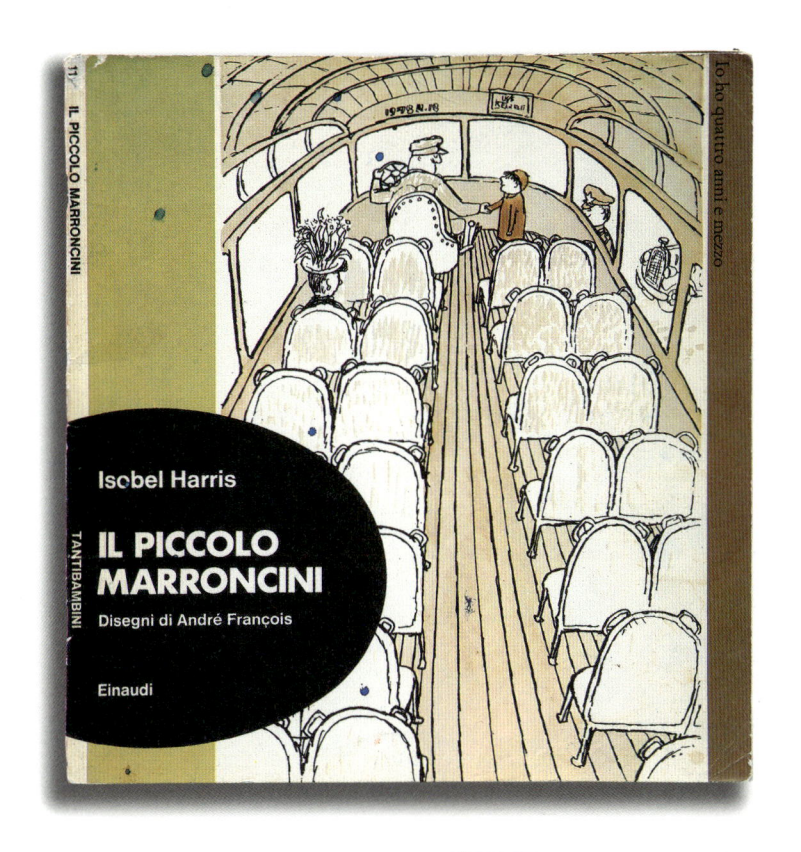

IL PICCOLO MARRONCINI
Isobel Harris / Einaudi / 1972 / D: André François   ©ADAGP, Paris & SPDA, Tokyo, 2007

A OGNUNO LA SUA CASA
Silvana Migliorati / Einaudi / 1975
D: Bruno Munari
I: Silvana Migliorati

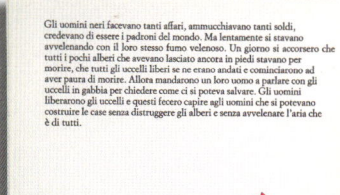

TANTIBAMBINI

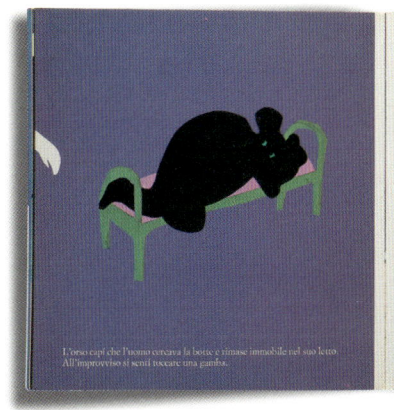

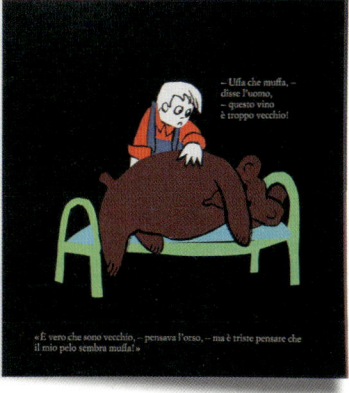

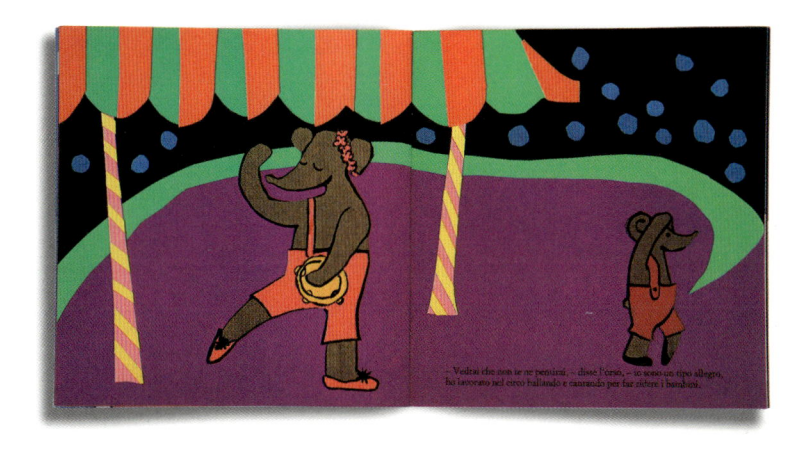

LA CASA NELLA NEVE
Joy Davenport / Einaudi / 1978
D: Bruno Munari I: Joy Davenport

ボブ・ギル
BOB GILL

1931-

アメリカ、ニューヨーク生まれ。1960年に渡英し、アラン・フレッチャーらと、デザイン事務所フレッチャー／フォーブス／ギル（ペンタグラムの前身）を設立。その後独立し、今はアメリカに戻って活躍している。イラストレーションが巧みで、絵本も多数手がけている。

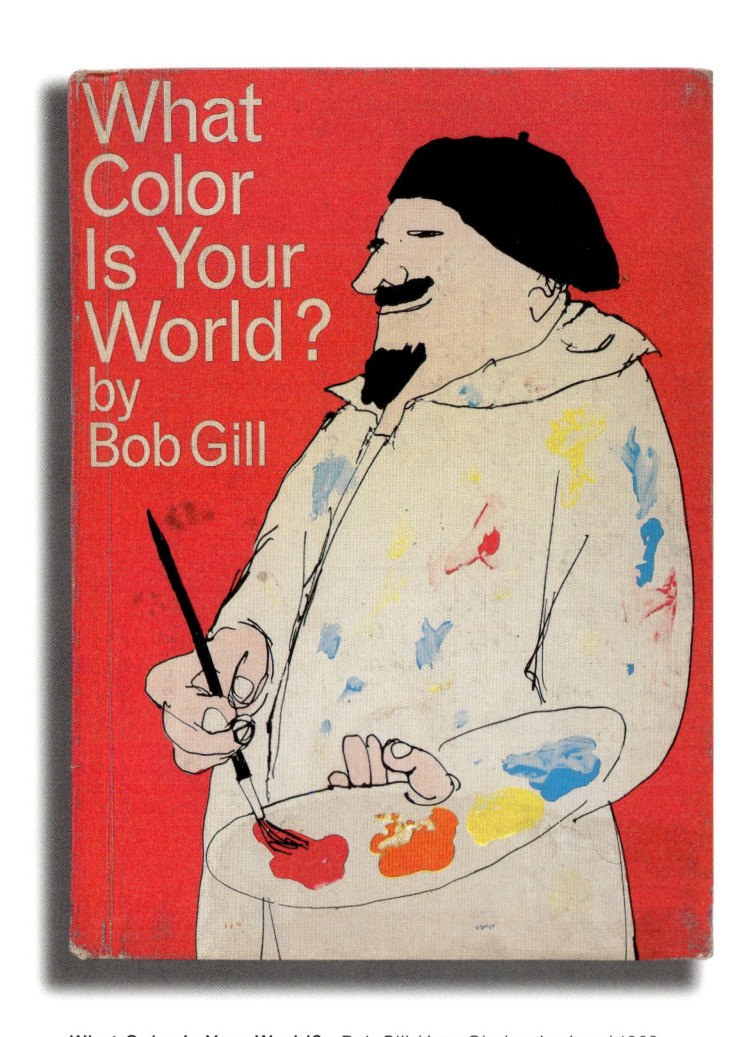

What Color Is Your World?　　Bob Gill / Ivan Obolensky, Inc. / 1962

BOB GILL

green."

But suppose you asked an artist? "It's hard to tell," he would answer. "Colors keep changing. Look at this... In my world kings may be

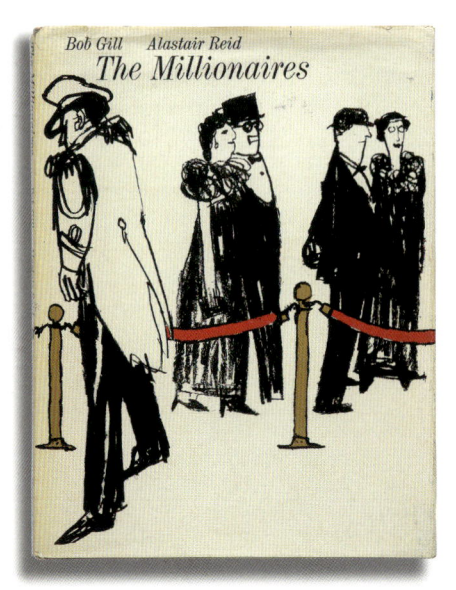

The Millionaires
Bob Gill / Alastair Reid
Simon and Schuster / 1959

BOB GILL

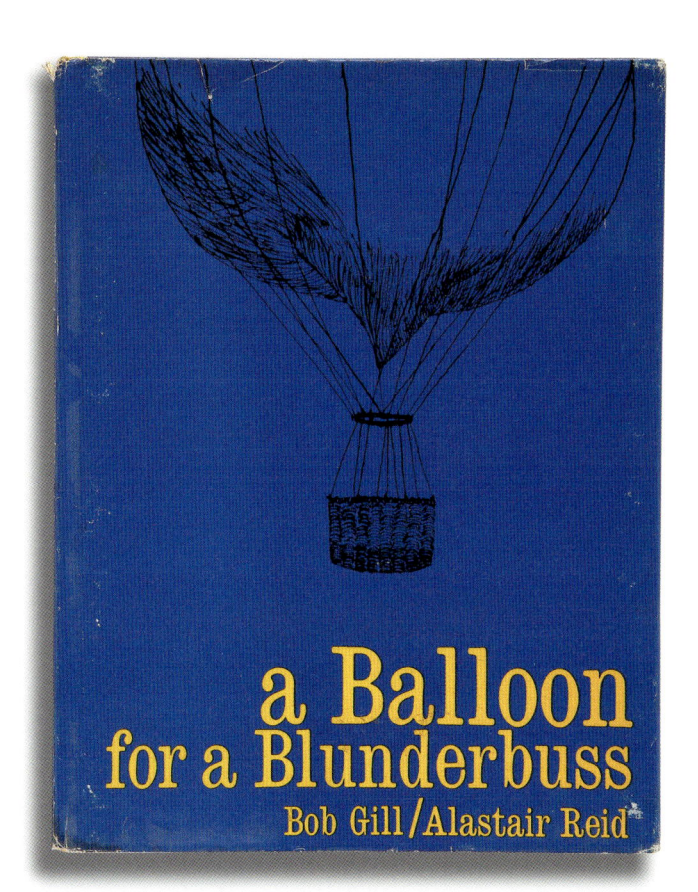

**a Balloon
for a Blunderbuss**
Bob Gill / Alastair Reid
Harper & Brothers / 1961

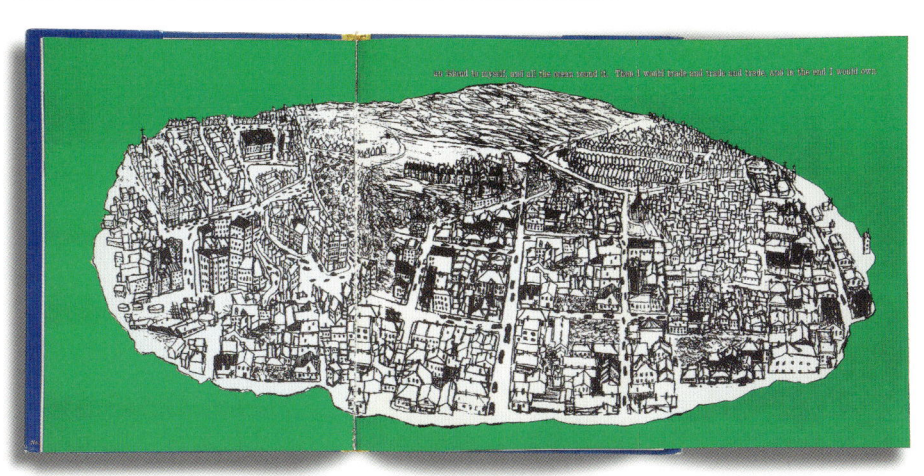

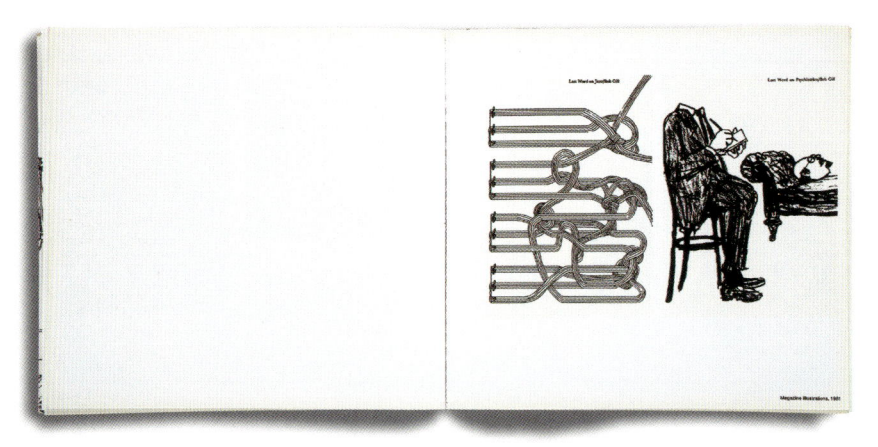

BOB GILL

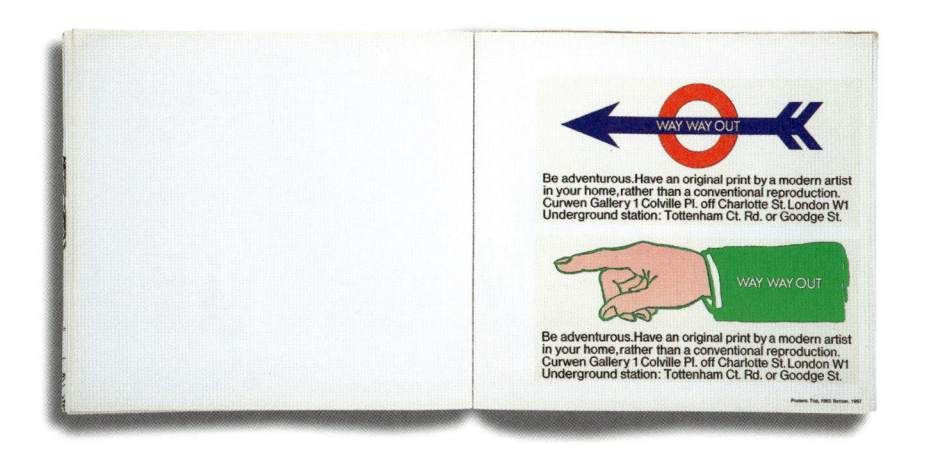

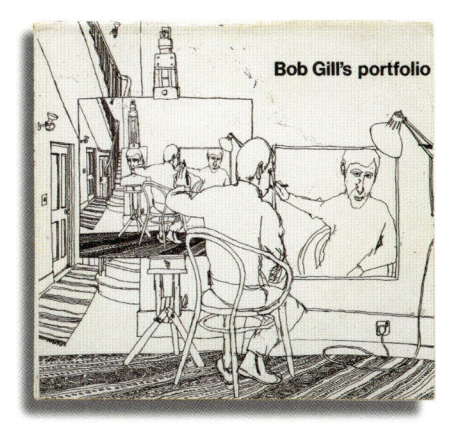

Bob Gill's portfolio
Bob Gill
Lund Humphries / 1968

INTERVIEW 02

BOB GILL
INTERVIEW

質問　小柳帝
回答　ボブ・ギル
翻訳　白倉三紀子

ボブ・ギルさんは、たくさんの絵本を作られていますが、「絵本」というメディアに興味を持たれたのはいつ頃ですか。また、きっかけとなったような作家や本はありますか。

普段の仕事とは違って、つまりクライアントの考えを表現するためではなく、私個人の考えを表現するためにグラフィックデザインのスキルを使う手段として、絵本を書いたり、デザインしたりすることに興味をもつようになりました。

ボブ・ギルさんがロンドンに渡る前に作られた絵本に『MILLIONAIRES』がありますが、それが最初に手掛けられた絵本ですか。それ以前に作られたものはありますか。また、どのような経緯で作られることになったかも教えてください。例えば、アラステア・リードとの出会いとか。

『The Millionaires』が最初の本です。詩人アラステア・リードに出会ったとき、一緒に絵本を作ったら楽しいだろうと考え、退屈した金持ちのカップルが世界旅行に出かける話で、どんなに環境が変わっても全く動じない彼らの様子を描いたらどうか、と彼にもちかけました。

ボブ・ギルさんが、ロンドンに渡ることになったのはなぜですか。また、先頃亡くなられたアラン・

フレッチャーさんとの出会いについても教えてください。

1週間ほどロンドンに行こうと思っていたときのこと。イギリスの広告代理店のオーナーがニューヨークに来ていて、新進気鋭のアートディレクターたちの面接をしているというのを、ある友人が私に教えてくれました。それを聞いて、単に旅行で行くよりもロンドンで働いてみるのも面白いなあ、と思いました。私は面接に行き、ロンドンに永住するつもりはないが、夏の間だけロンドンで仕事をしてみたいと伝えましたら、採用されたのです。代理店で働くのは嫌でしたが、ロンドンにはすっかり魅了されました。そしてアラン・フレッチャーに出会ったのです。当時彼はコリン・フォーブスとスタジオを共有していました。我々三人は組んだほうがいいと、出会ってすぐにピンときて、代理店を辞め、Fletcher/Forbes/Gill. を立ち上げました。

『What Color Is Your World?』も素晴らしいコンセプトの絵本です。この本についても、何かコメントをください。

私のすべての絵本に言えることですが、『What Color Is Your World?』は、単なる物語というより、ひとつの体験です。つまり、この本を通して、子どもたちが何か新しいことを体験したり、新しいことを学んだりすることができるのです。

残念ながらいまだ入手できず、今回掲載はできていないのですが、『Parade』という、物凄く大きな絵本を作られています。この本についても、何かコメントをください。

『Parade』は、24×12インチの8枚のカードで、カラフルなパレードに参加している様々な人々が描かれています。カードは、子ども部屋に置いて遊んでもらうために作ったものです。カードの上に書かれた言葉は、どんな順番でも、並べたときに、前後のカードと組み合わせて意味が通じるようになっています。

アラン・フレッチャーさん同様、ボブ・ギルさんの作品にも感じられるのが、類稀なウィットとユーモアのセンスです。ボブ・ギルさんは、「ユーモア」についてどのようにお考えですか。

作家もデザイナーも、ユーモアのあるスタイルにしようとか、シリアスなスタイルにしよう、と意識的に決めるわけではないと思います。その作家の人となりがそのまま作品ににじみ出ているのです。

アラン・フレッチャー
ALAN
FLETCHER
1931-2006

1931年ケニヤ生まれ。5才の時にイギリスに戻り王立美術館で学んだ後、イェール大学の交換留学生となりポール・ランドに師事。レオ・レオーニやソール・バスのもとで経験を積む。62年に帰国し、ロンドン広告界に自由なアメリカの空気を送り込んだ。

Was ich sah

für Kinder
erzählt und gemalt
von Alan Fletcher
verlegt bei Oetinger

ALAN FLETCHER

Was ich sah
Alan Fletcher / Verlag Friedrich Oetinger / 1967

ALAN FLETCHER

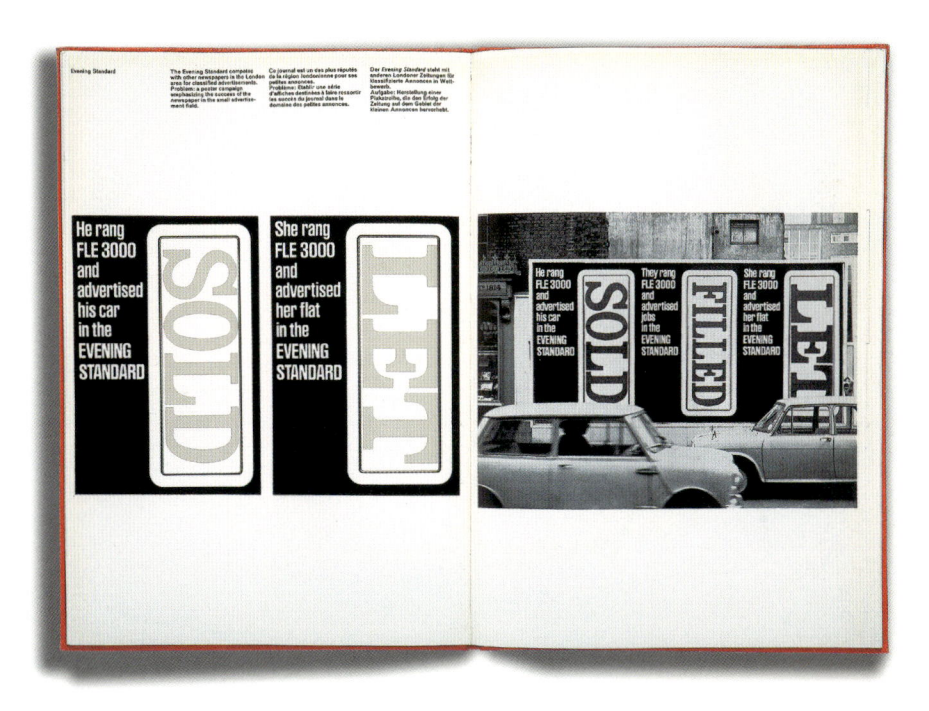

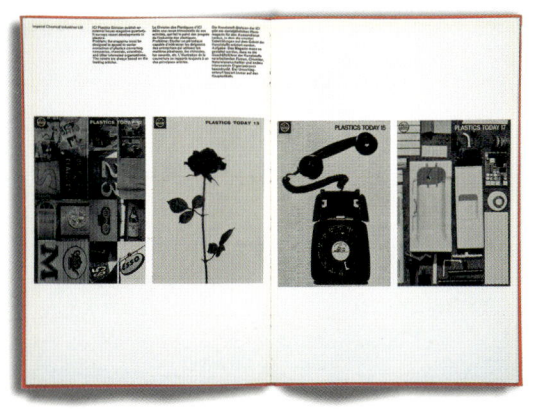

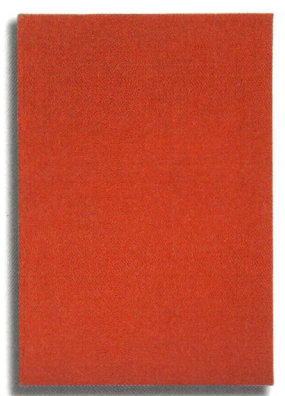

Fletcher / Forbes / Gill
フレッチャー／フォーブス／ギルの1961-62年の作品集
Alan Fletcher / Colin Forbes / Bob Gill
Fletcher / Forbes / Gill / 1962

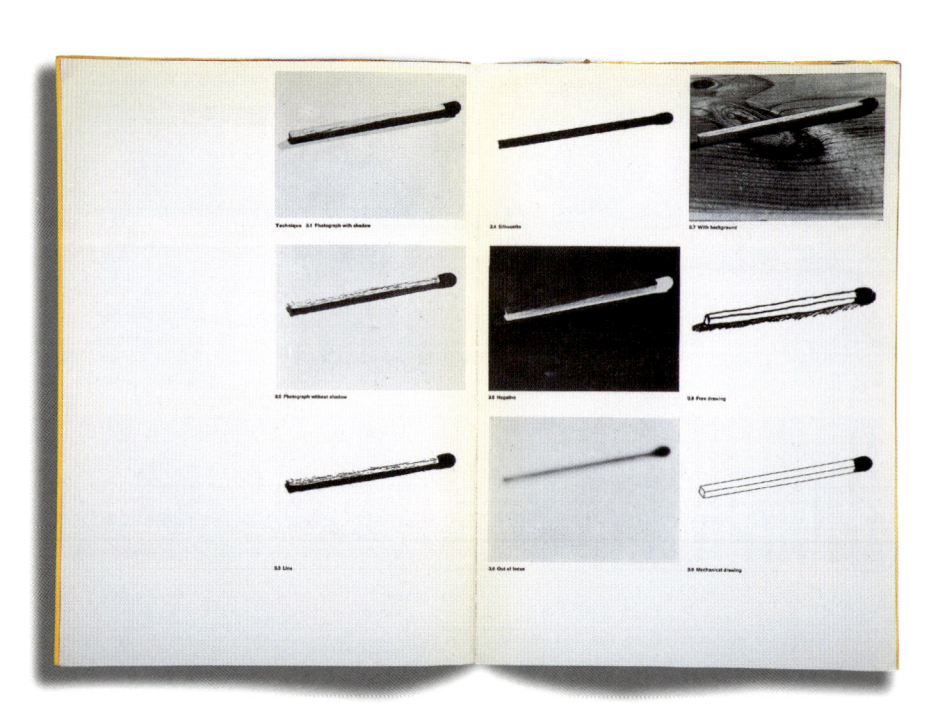

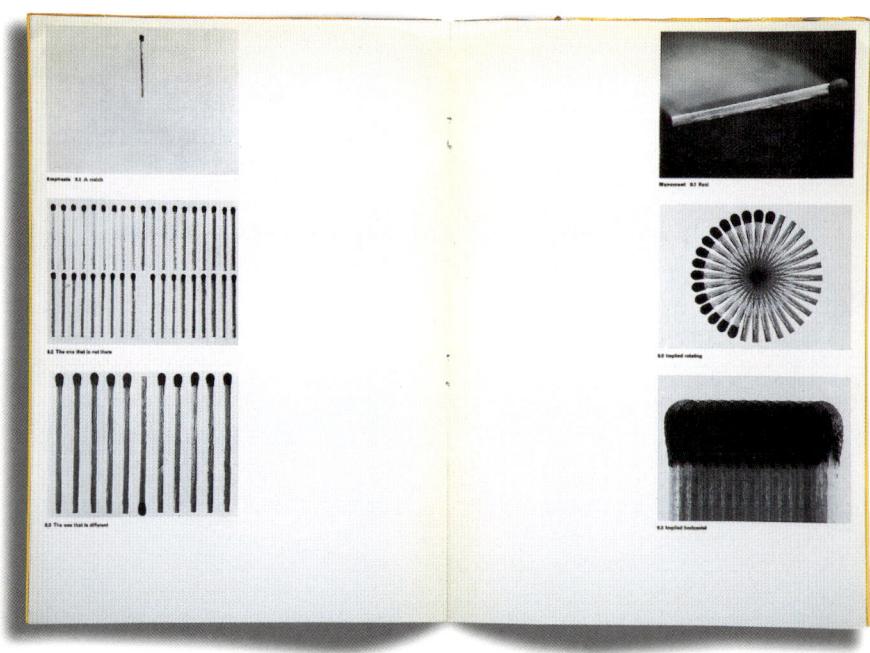

ALAN FLETCHER

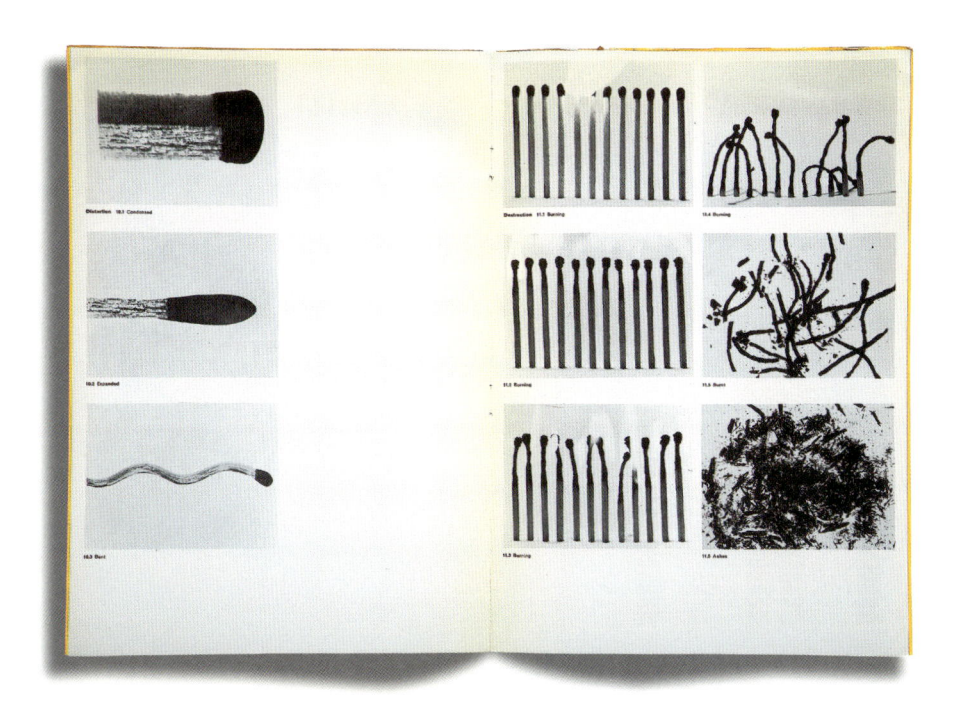

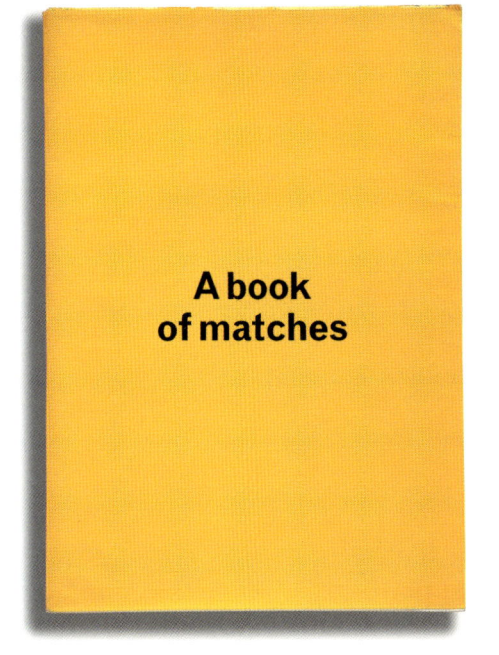

アラン・フレッチャーは、ウィットに富んだ本をたくさん作っているが、この『マッチの本』はマッチによる表現の可能性を追求したユーモア溢れる本。次頁の、あらゆる印刷技術を駆使して作った、チーズで有名なゴーダ地方の架空のガイドブック『ゴーダ』も楽しい。

A book of matches
Alan Fletcher / Theo Crosby / Colin Forbes
私家版

ALAN FLETCHER

GOUDA
N.V. Drukkerij Koch & Knuttel
発行年不明
D: Alan Fletcher / Colin Forbes / Bob Gill

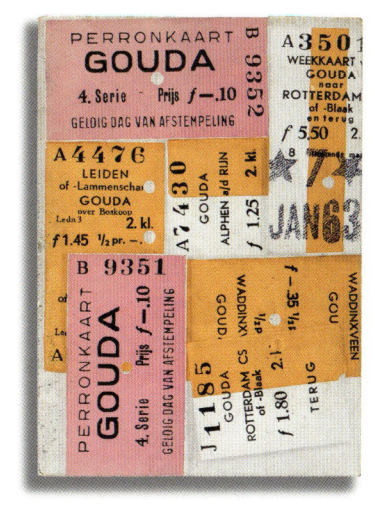

マルチェロ・ミナーレ

MARCELLO MINALE
1938-2000

1938年リビア生まれ。62年に渡英し、広告会社ヤング＆ルビカムで仕事をした後、64年に同僚のブライアン・タッターズフィールドとミナーレ・タッターズフィールド社を設立し今に至っている。グシャグシャと、何かを塗り潰したようなトレードマークがユニーク。

THE OWL

I would not give
Two hoots to be
A Night Owl
Living in a tree
With naught to do
If I were he
But cry
"TU-WHIT TU-WHOO!"

On this the Owl
And I agree.

He does not wish
That he were me
Or in my boots.
Lived in a room
And cried
"TO WHOM?"
And not "TO-WHOO!"

He gives two hoots
Or even three —
"TU-WHIT TU-WHOO TU-WHOO!" to be
A Night Owl
Living in a tree!
He knows exactly
What to do . . .
TO WIT, TO WOO.

THE SHEEP

This worried Sheep
Can't get to sleep
For counting endless files
Of phantom sheep-dogs
As they leap
Imaginary stiles.

MARCELLO MINALE

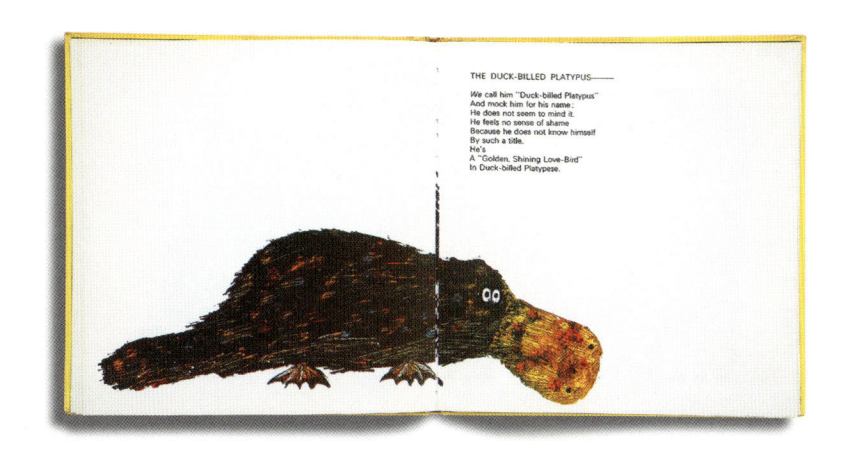

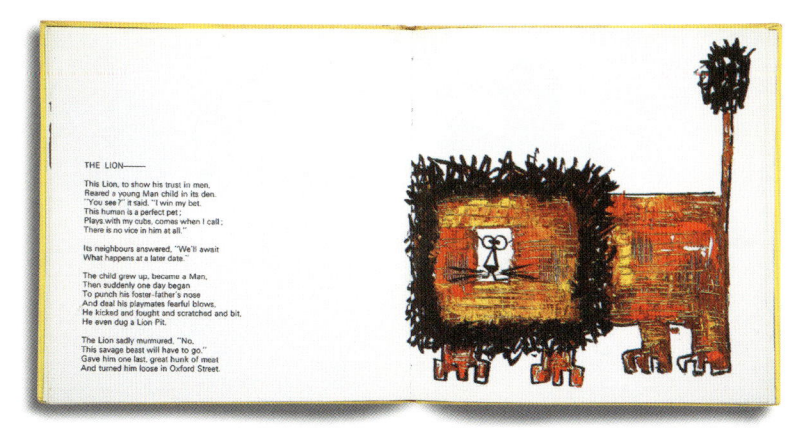

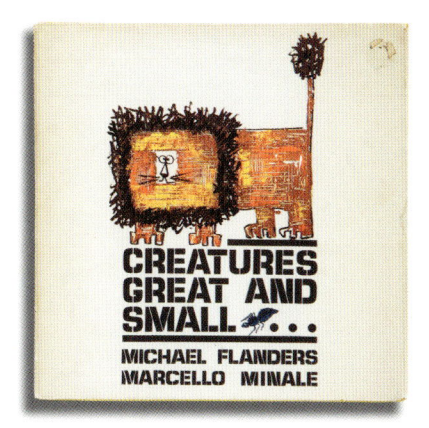

creatures great and small...
Marcello Minale
Michael Flanders
Holt, Rinehart and Winston / 1964
I: Marcello Minale

MARCELLO MINALE

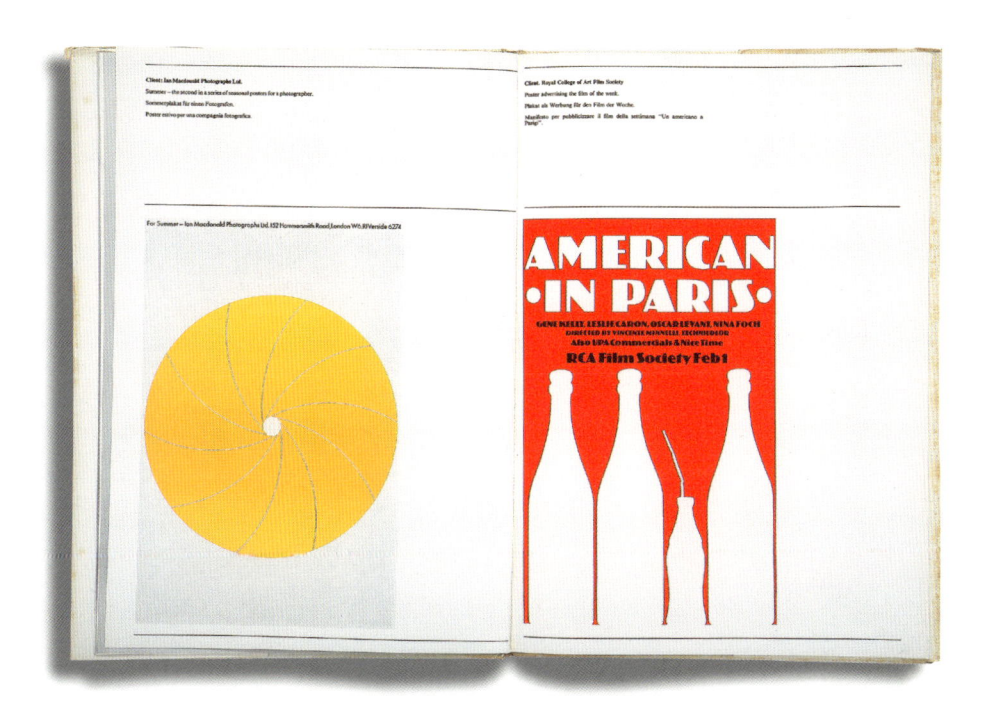

この本は、マルチェロ・ミナーレが、ロンドンのヤング＆ルビカム時代の同僚ブライアン・タッターズフィルドと独立して作った、ミナーレ／タッターズフィールド社のプレゼンブック。表紙の中にさらにこの本の表紙が現れるという、ブックカバーのデザインも心憎い。

Minale Tattersfield Ltd.
Marcello Minale / Brian Tattersfield
Minale Tattersfield Ltd. / 1965

オーレ・エクセル
OLLE EKSELL
1918-

スウェーデン生まれ。絵本や書籍、雑誌の表紙や挿絵などのイラストレーションを数多く手がける。広告関係では、チョコレート会社のマゼッティや、繊維会社のニッシムのCIなども担当。ポール・ランドと親交が深く、アン・ランドと共作の絵本も手がけている。

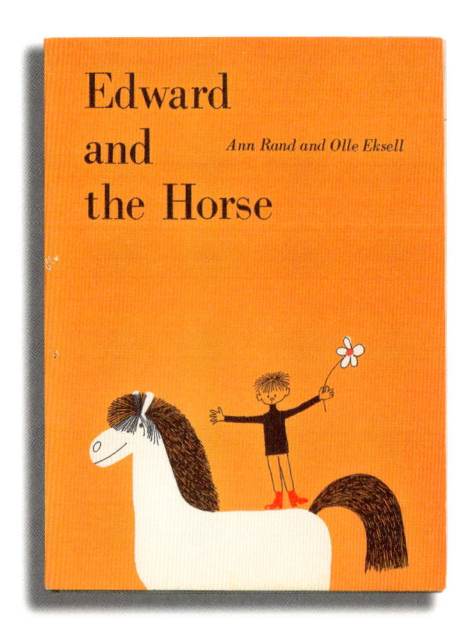

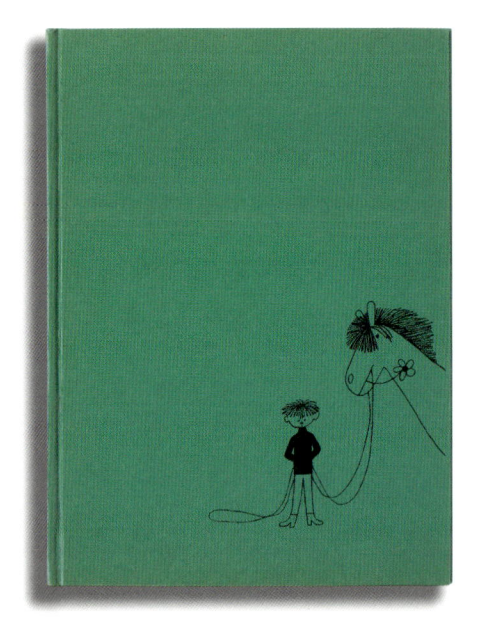

アン・ランドは絵本作家で、夫であったポール・ランド以外のデザイナーとも絵本を作っているが、その中の1冊がオーレ・エクセルと組んだこの『エドワードと馬』。あえて色目を抑えながら、2色のページにもそれ以上の色を喚起させるデザイナーらしい演出が見事だ。

Edward and the Horse
Ann Rand / Olle Eksell
Harcourt, Brace and Company / 1961

OLLE EKSELL

第1章　各国編 - スウェーデン

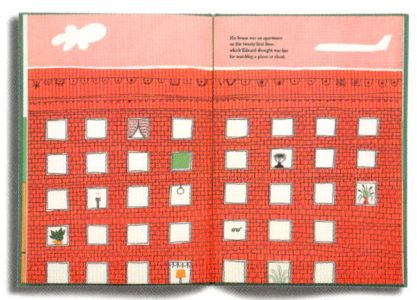

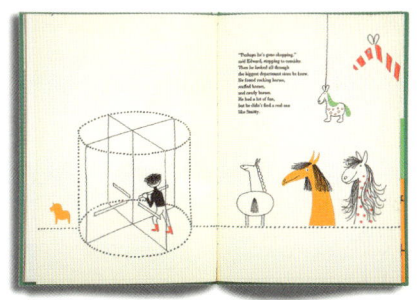

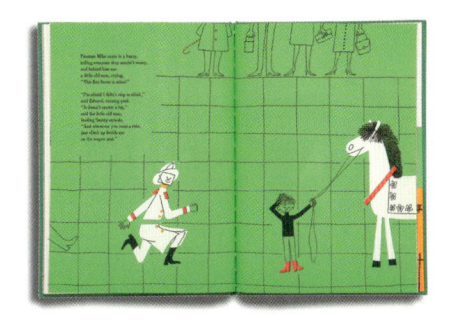

Introduction

The Swedish designer, Olle Eksell, originally studied engineering, but decided to become a graphic artist. After studying with Professor Hugo Steiner-Prague in 1939 and 1941, he joined Ervaco, a Swedish advertising agency, leaving there in 1945 to spend a year of further study at the Los Angeles Art Center School. In 1947 he arranged the first American Graphic Design exhibition in Sweden in a show at the National Museum: (Lester Beall, Will Burtin, Edward McKnight Kauffer, Gyorgy Kepes, Alvin Lustig, Herbert Matter, Paul Rand, Ladislav Sutnar). Some years later he organized another graphic exhibition: (Picasso, Savignac, Ben Shahn, Imre Reiner).
Olle Eksell has worked as a writer and illustrator with the newspaper Aftonbladet since 1952.
He has primarily concerned himself with problems of design in Swedish life and has also produced a series of descriptive essays on life in communities in various parts of the world. He was one of the few Europeans represented in the 1959 International Packaging Exhibition at the Museum of Modern Art, New York, and was invited to form "Packaging Perspective" in London 1959 together with Yusaku Kamekura (Japan), Saul Bass (USA), Fritz Bühler (Switzerland), Albe Steiner (Italy) and W.M. de Majo (England). His work has been exhibited at many international design shows – at the Louvre in Paris, in various American museums, and in other museums in London, Lausanne, Milan, Vienna, Hamburg, Amsterdam, Leipzig, Oslo, Copenhagen, Helsinki, Tokyo, Rome, Jerusalem and in many Swedish cities.
In 1963 he produced the largest packaging exhibition ever held in Sweden – "Packaging at Home" – a conceptual approach which looked into all aspects of packaging economy – production, distribution, handling, training – and so on.
Olle Eksell is the subject of nearly a hundred articles in graphic magazines and newspapers, and the author of many articles on graphic design for magazines, books, newspapers, radio and TV.
His book, *Design = Economy* published in 1964 by Bonniers, Stockholm, won a silver medal in Leipzig in 1965 and a position of honour at the Frankfurt Book Fair. Among the ideas it presents, the book offers a futuristic vision of political and economic renewal based on the new automation of today. The critics said that Olle Eksell has broadened the whole concept of design and has led the economist into a world in which conditions are recognized but possibilities, at best, only sensed.
He was invited to Poland in 1966 as a member of the international jury for posters. His latest book *Corporate Design Programs* was published in 1967 by Reinhold Publishing Corporation, New York, and Studio Vista, London.
Olle Eksell is a member of AGI (Alliance Graphique Internationale), and a honorary member of ABCD (Art, Bild, Copy, Design – Society of Swedish Designers) and of GDC (Society of Graphic Designers of Canada). He was the guest speaker at the International Design Conference, Aspen, on Communication in 1960, and a member of the jury for Typomundus 20 in Toronto in 1964 together with Aaron Burns – chairman (USA) and the jury: Max Caflisch (Switzerland), Carl Dair (Canada), Louis Dorfsman (USA), Roger Excoffon (France), Hiromu Hara (Japan), Oldrich Hlavsa (Czechoslovakia), Hans Neuburg (Switzerland), Anton Stankowski (W. Germany), Horst Erich Wolter (E. Germany), Hermann Zapf (W. Germany), Piet Zwart (the Netherlands). Eksell exhibited at "La Biennale di Venezia" 1972.
He has been awarded first prize in a number of national and international graphic design contests. In 1972, he was awarded a major grant by the Swedish Author's Foundation, to write a book analysing visual location – streets, public buildings, workplaces, underground stations, motorways, etc. In 1974 he was awarded the largest state grant an artist can receive in Sweden.

Extrait du livre de Olle Eksell *Design = Economie*

Puisque consommer veut dire vendre,
le but, très simplement, est de vendre.
Un bon design veut dire aussi
de bonnes ventes.
Vendre, en montrant le chemin,
pour le produit,
du producteur au consommateur,
et pour le consommateur,
le diriger vers le produit.
Directement, sans détours,
ouvertement, clairement.
Vendre en facilitant les choses,
que ce soit la manutention des produits
ou leur distribution,
leur promotion, leur sélection.
Un bon design n'est pas seulement
une question de bon goût
– c'est aussi une économie;
Pas seulement un divertissement,
– mais une affaire d'extrême urgence.

OLLE EKSELL

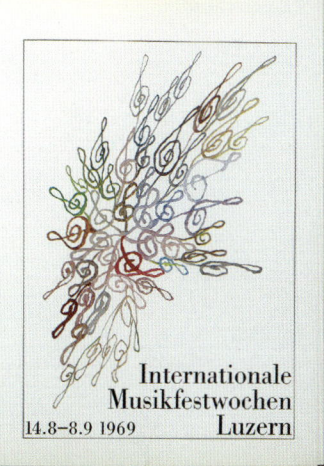

Designer
Olle Eksell / 私家版 / 1974

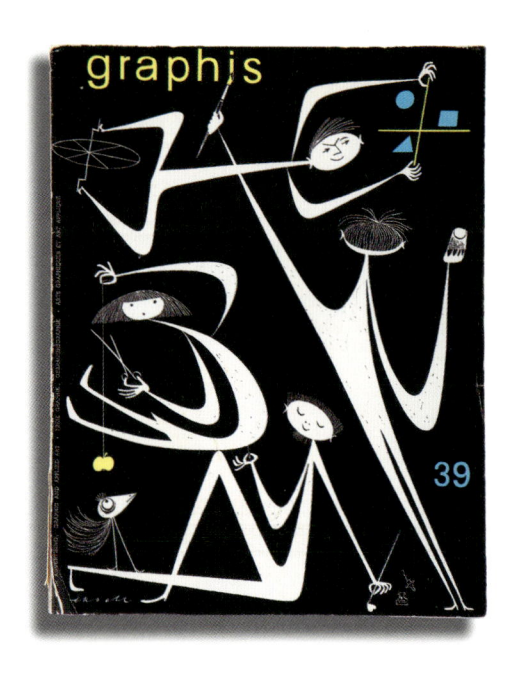

graphis 39
AMSTUTZ & HERDEG / 1952
Cover design: Olle Eksell

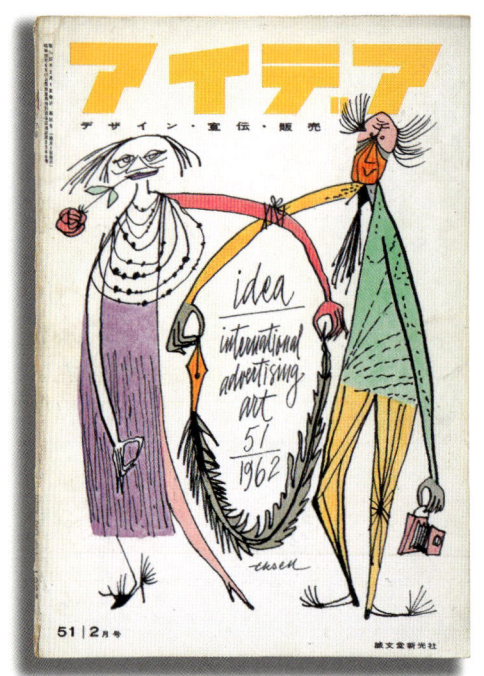

アイデア 第51号
誠文堂新光社
1962 / Cover design: Olle Eksell

OLLE EKSELL

Grundat 1835
出版社（Björkmans）のパンフレット
Björkmans / 発行年不明
D: Olle Eksell

Tübingen am Neckar, med Hölderlins torn

OLLE EKSELL

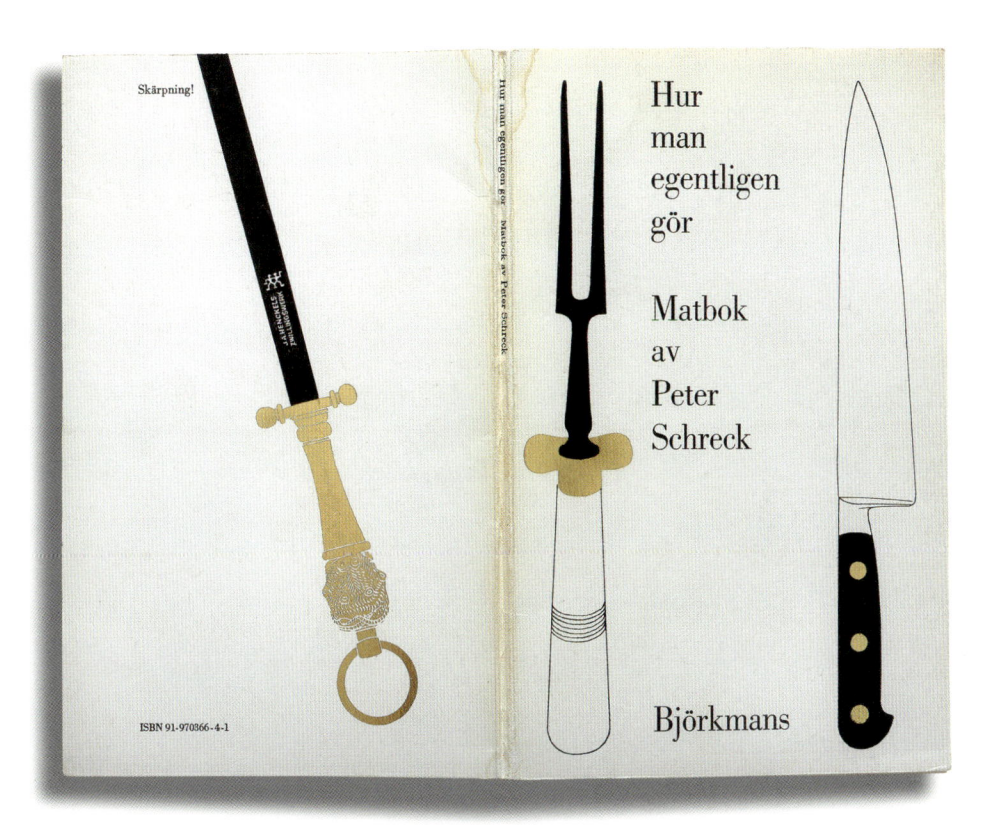

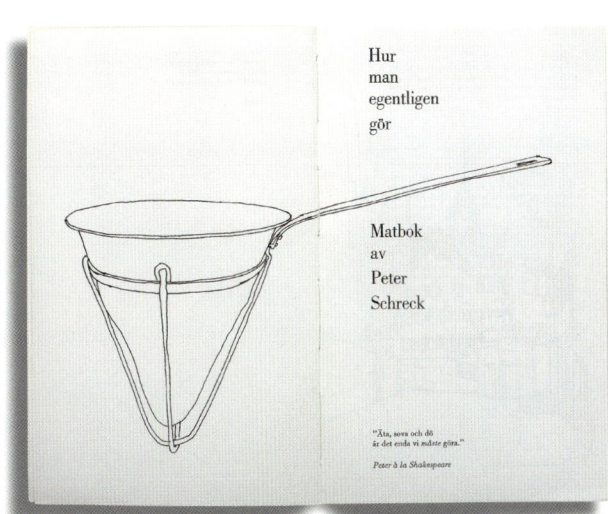

Hur man egentligen gör
Peter Schreck
Björkmans / 1983
I: Olle Eksell

スティグ・リンドベリ

STIG LINDBERG
1916-1982

スウェーデン生まれ。1937年から40年に、陶器メーカーのグスタフスベリにてセラミック製造に携わり、49年には同社のアーティスティック・ディレクターに。イラストレーションやグラフィックでも活躍。日本では60年代に西武百貨店の包装紙を手がけている。

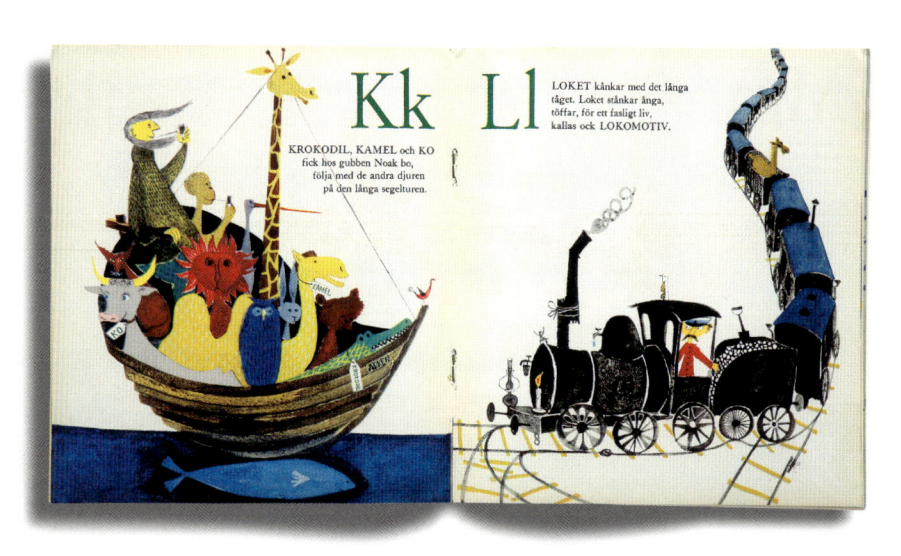

STIG LINDBERG

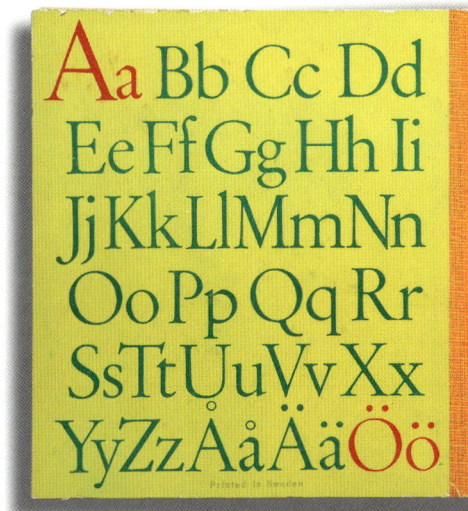

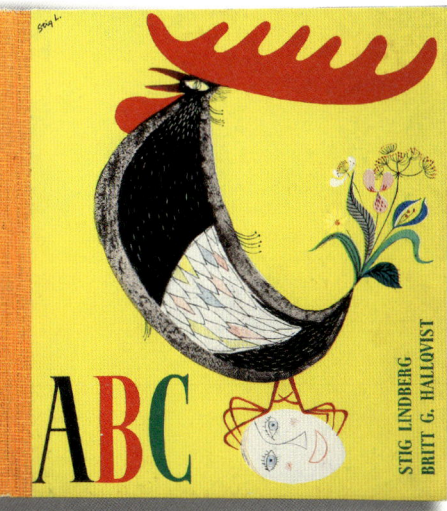

ABC
Britt G.Hallqvist
Pictures: Stig Lindberg /Bokförlaget Natur och kultur / 1951

©Stig Lindberg / APG-Japan/JAA, Tokyo, 2007

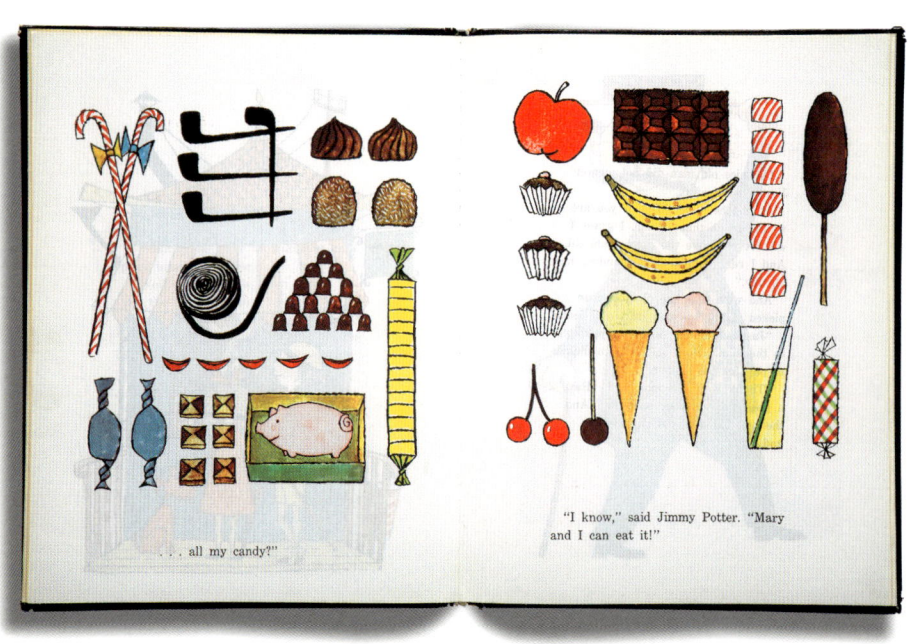

Meet Jimmy Potter.
Today is Jimmy Potter's birthday.

Now meet Jimmy Potter's
best friend, Mary.
And what do you know!
Today is Mary's birthday, too.

... all my candy?"

"I know," said Jimmy Potter. "Mary and I can eat it!"

STIG LINDBERG

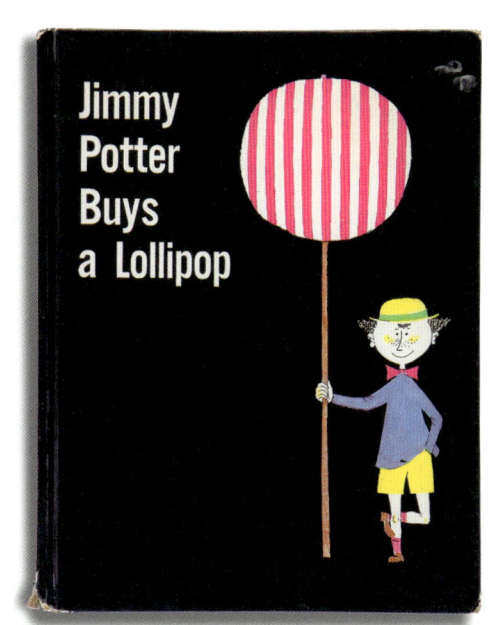

Jimmy Potter Buys a Lollipop
Lennart Hellsing / Pictures: Stig Lindberg
Webster / 1961

©Stig Lindberg / APG-Japan/JAA, Tokyo, 2007

STIG LINDBERG

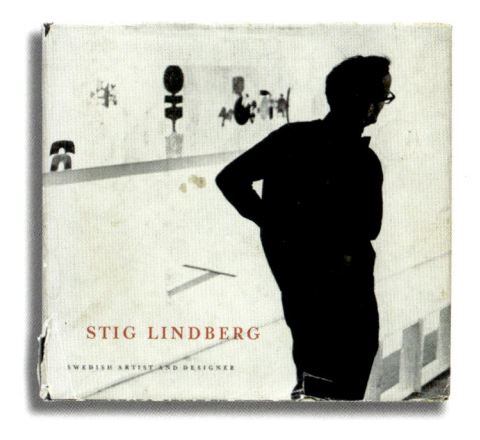

このスティッグ・リンドベリの作品集は、中身は別のデザイナーの手によるものなのだが、カバーをとった本体の表紙のデザインをリンドベリ自身が手掛けているのと、ベルント・クリィヴァレの写真を含めた本の佇まい自体が素晴らしいので、ここで紹介した次第だ。

Stig Lindberg:
Swedish Artist and Designer
Text: Dag Widman / P: Berndt Klyvare
Rabén & Sjögren / 1962

©Stig Lindberg / APG-Japan/JAA, Tokyo, 2007

アンドレ・フランソワ
ANDRÉ
FRANÇOIS
1915-2005

ルーマニア生まれ。1934年にフランスに渡り、サヴィニャックらと共にカッサンドルに師事。チンザノやシトロエンなどのポスターを手がける一方、スタインバーグ風のコミックでも知られる。『きまぐれロラン』など、子ども向けの絵本の仕事も多い。

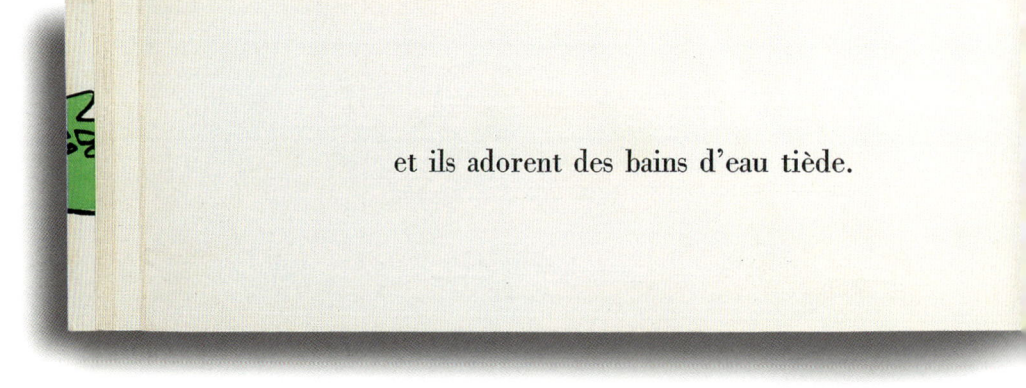

ANDRÉ FRANÇOIS

LES LARMES DE CROCODILE
André François / 1956

©ADAGP, Paris & SPDA, Tokyo, 2007

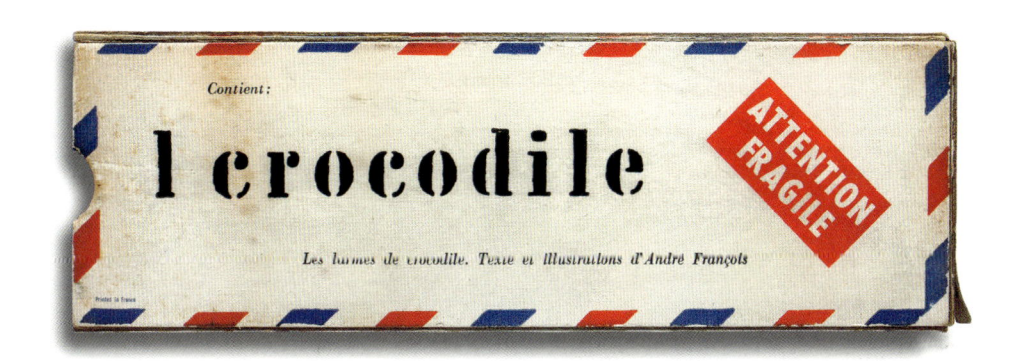

Que faut-il pour être heureux ?
Un peu d'or
Beaucoup d'or
Là-haut
Tout ce qui brille est d'or
Là-haut
Vous aurez tout ce qu'il vous faut !

Les mineurs, eux, étaient payés au poids de l'or qu'ils arrachaient à la terre, c'est-à-dire que plus ils arrachaient d'or, moins ils touchaient d'argent.

— Ils ne sauraient quoi en faire, disait le Général Trésorier, ces grands enfants sont étonnants, on a beau essayer de leur

Et la musique des tueurs de paons jouait l'hymne national sans arrêt :

    En avant Tue-Tue-Paon-Paon
    En arrière les intrigants
    En avant Tue-Tue-Paon-Paon !

De très lointaines contrées, on avait fait venir des travailleurs spécialisés, mais ils n'étaient pas très gais, sachant bien qu'ils n'auraient pas le droit de débarquer dans l'île, une fois le travail terminé, et devant la promesse d'une médaille d'or en argent contrôlé, aucun d'eux n'éprouvait la moindre hâte. L'arme au pied, les chasseurs de paons les surveillaient. Les bâtisseurs

---

de ce modeste travailleur brillait du même éclat que les hameçon d'or des pêcheurs.

— Tout est en or et personne n'en sait rien, j'ai découvert l'Ile au Trésor ! dit-il entre ses dents et il disparut en coup de vent.

Bientôt, la bonne nouvelle, comme une traînée de poudre d'or, se répandit dans Tue-Tue-Paon-Paon. Mais aussitôt, la ruée vers l'or fut arrêtée. A peine les deux ou trois premiers chercheurs d'or venaient-ils d'embarquer qu'ils furent envoyés par le fond, mitraillés par les chasseurs de paons aux ordres du gouverneur du Grand Continent.

Et l'empailleur qui avait trop vite parlé d'or fut pendu pour avoir eu la langue trop longue, ce qui l'allongea davantage et tout à fait inutilement.

ANDRÉ FRANÇOIS

ジャック・プレヴェールの文章にアンドレ・フランソワが挿絵をつけた、二人の共作と云ってもいい『バラダールだより』。堀内誠一の『てがみのえほん』もそうだったが、エアメールを模した表紙回りのデザインに、切手や消印までオリジナルで描いているのが楽しい。

LETTRE DES ILES BALADAR
Jacques Prévert / Le point du jour / 1967
I: André François

©ADAGP, Paris & SPDA, Tokyo, 2007

ジャン＝ミッシェル・フォロン

JEAN MICHEL FOLON
1934-2005

ベルギー、ブリュッセル生まれ。建築、絵画を学び1955年にフランスに渡る。「ニューヨーカー」の仕事などで、一時渡米。67年にフランスに戻って来てから、オリヴェッティ社の仕事を手がける。その優しい色使いと柔らかなタッチで、幻想画家とも呼ばれている。

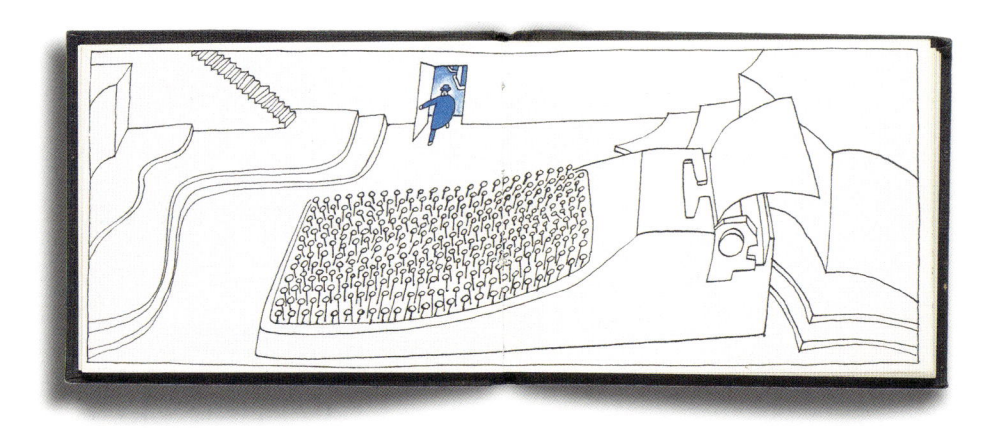

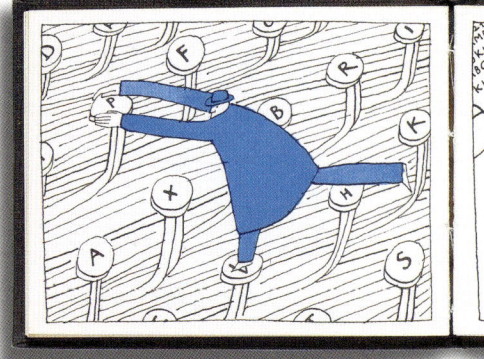

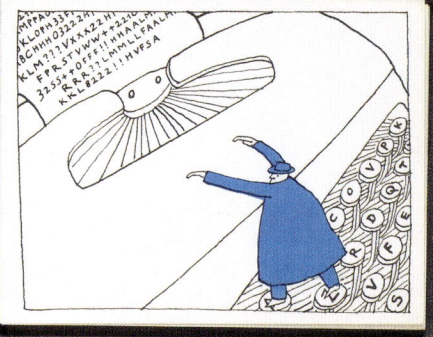

Le Message
Hermann, editeurs / 1967 / I: Jean Michel Folon

JEAN MICHEL FOLON

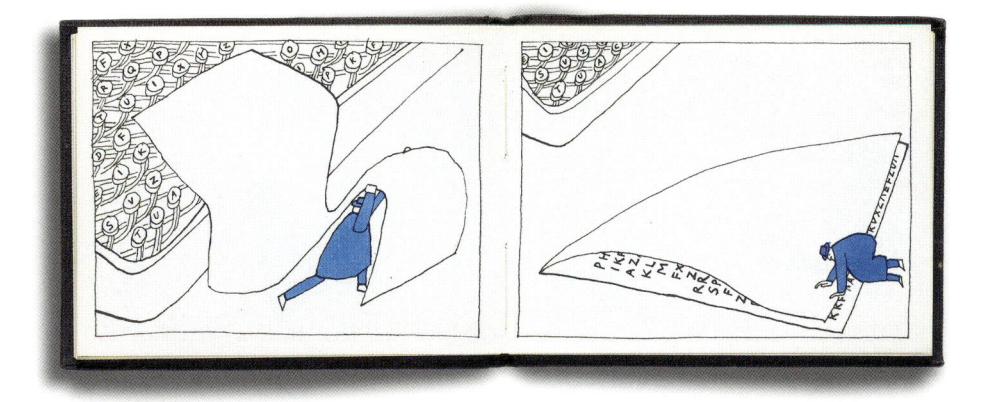

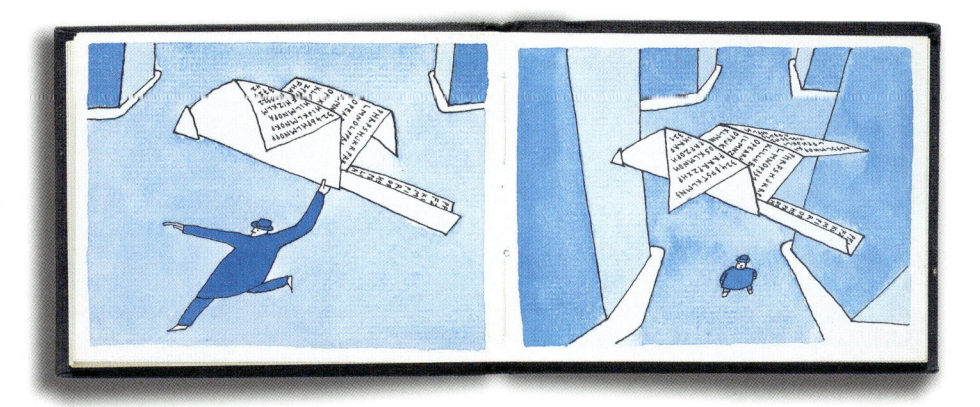

フォロンは、1967年からフランスで、オリヴェッティの仕事に着手することになったが、そのオリヴェッティのパリ支社開設記念として配られた小冊子が、この『メッセージ』。アニメーションのような詩的イメージのコンセプトは、ジョルジオ・ソアヴィによるもの。

JEAN MICHEL FOLON

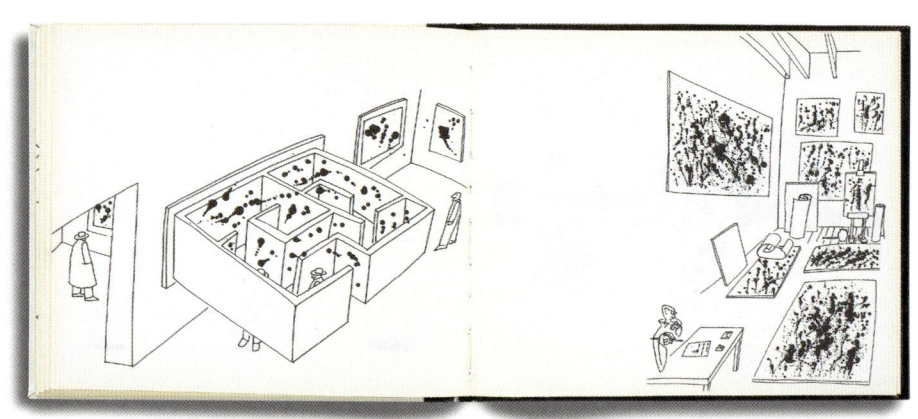

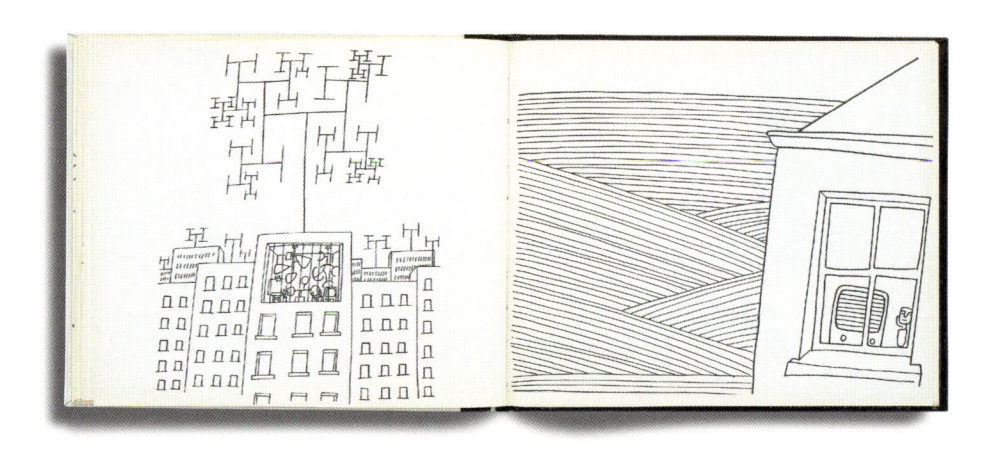

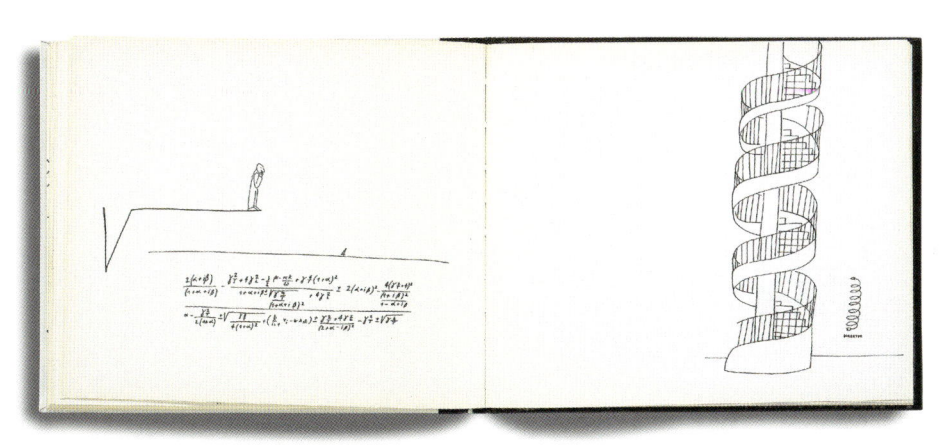

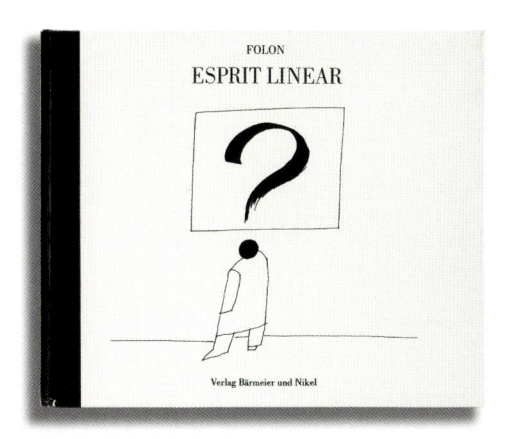

ESPRIT LINER
Jean Michel Folon
Verlag Bärmeier und Nikel / 発行年不明

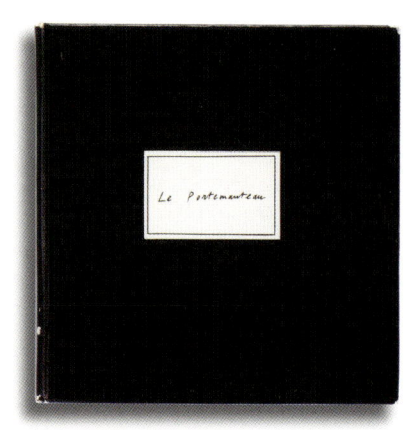

Le Portemanteau
Jean Michel Folon
éditions des jumeaux / 1969

JEAN MICHEL FOLON

PESSOA
Jean Michel Folon / LISBOA / 発行年不明

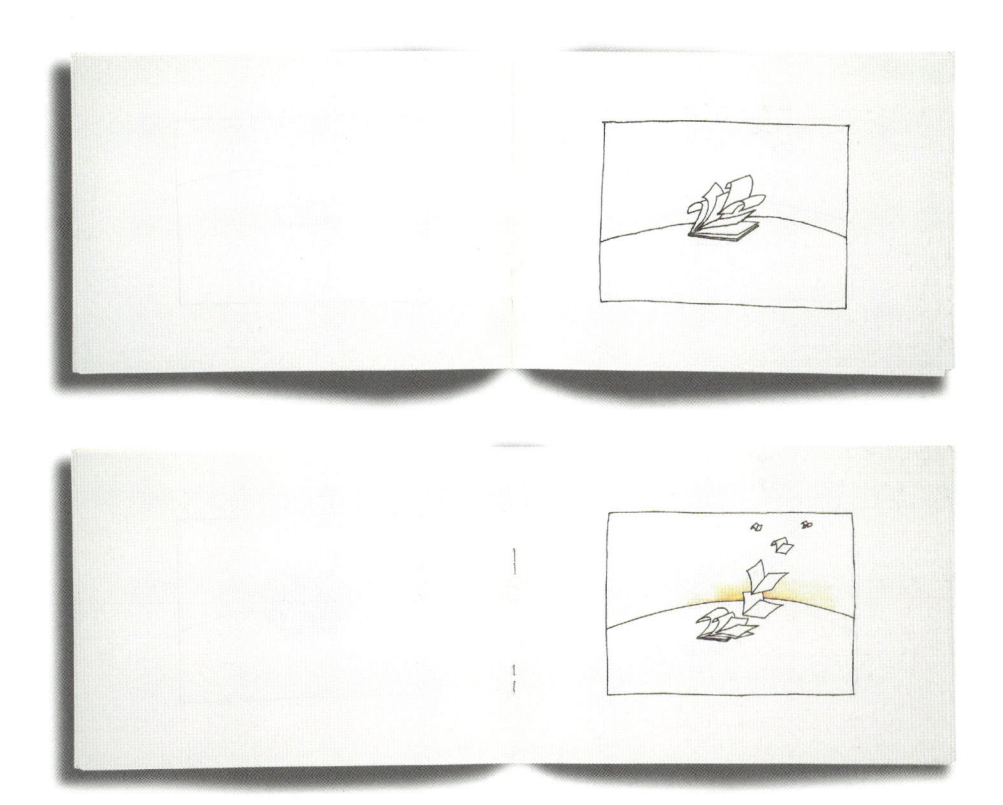

カール・ゲルストナー

KARL GERSTNER
1930-

スイス、バーゼル生まれ。バーゼルの職業訓練学校にてグラフィックデザイン、タイポグラフィー、写真等を学ぶ。1949年より、製薬会社ガイギーのデザイン部門を担当。59年にコピーライターのマーカス・クッターと広告会社ゲルストナー＋クッターを設立する。

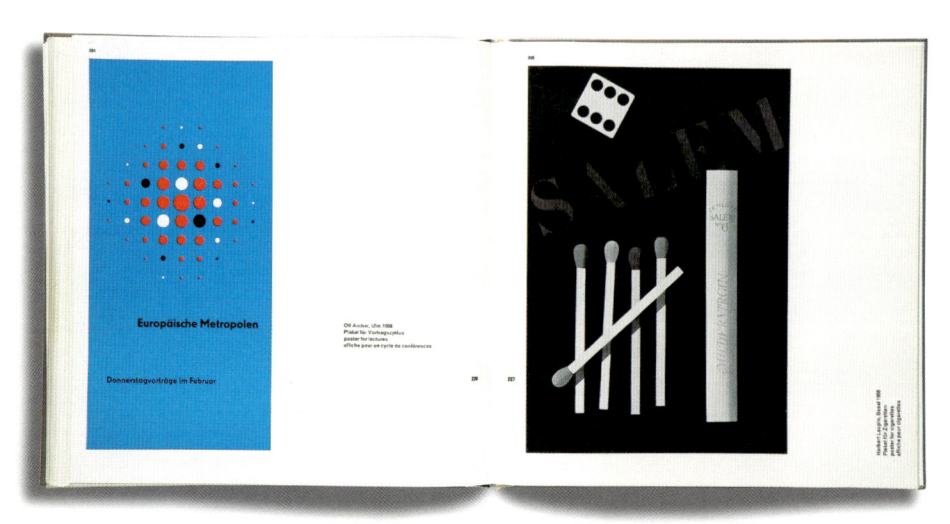

KARL GERSTNER

die neue Graphik
the new graphic art
le nouvel art graphique
Karl Gerstner / Markus Kutter
Arthur Niggli Ltd, Teufen AR / 1959

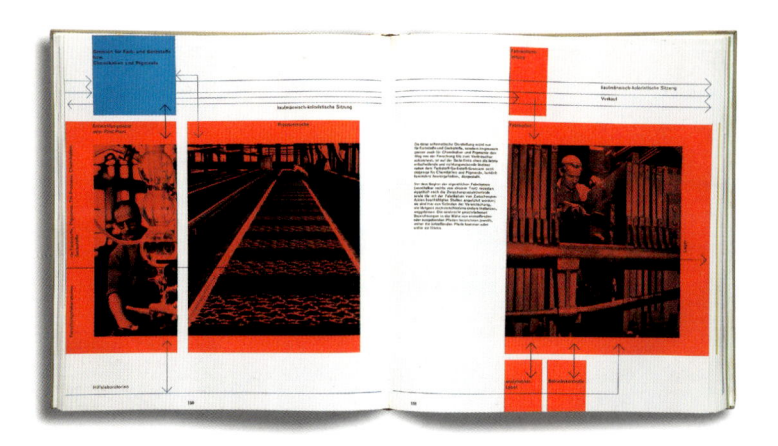

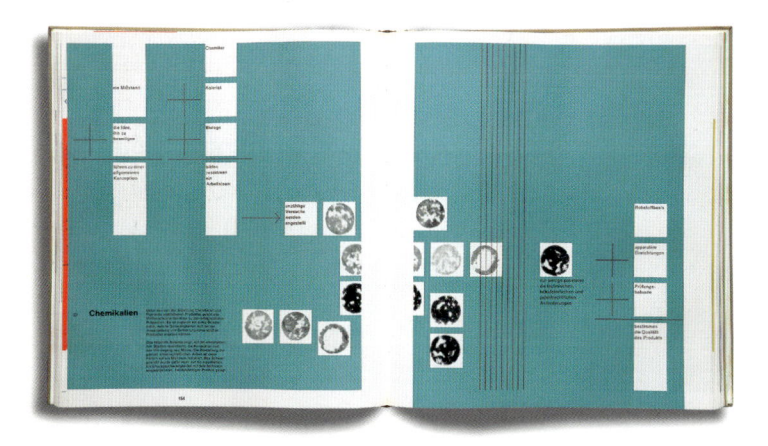

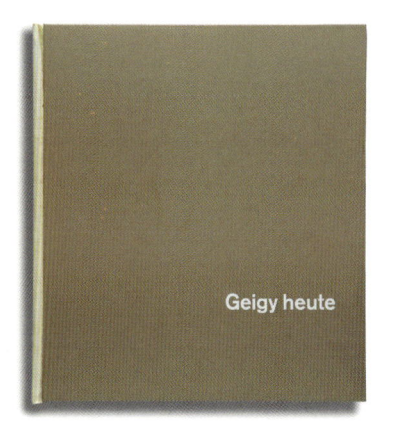

スイスの製薬会社ガイギー社の200周年を祝って作られた本が、この『今日のガイギー』。デザインを手掛けたカール・ゲルストナーは、もともとガイギー社のデザイナーだった。どのページにも、ゲルストナーらしい写真や図表の扱いの巧さが遺憾なく発揮されている。

Geigy heute
Geigy / 1958 / D: Karl Gerstner

KARL GERSTNER

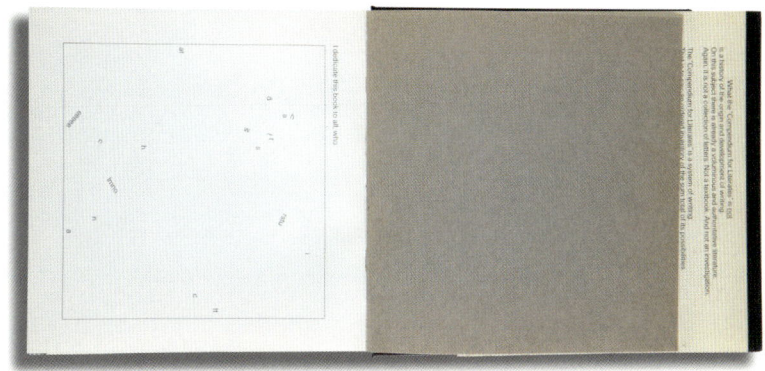

Compendium for Literates Karl Gerstner / MIT Press / 1974

COLUMN 05
あたらしいデザイン教科書

　ロンドンの王立美術大学で教鞭をとっていたジョン・ルイスの監修のもと、イギリスとアメリカの二つの出版社の共同企画により、1963年から刊行されたデザイン教科書のシリーズ。従来の技法書的な枠組みを離れ、実際の作品から、読者がアイデアやインスピレーションを得ることのできるようにした編集方針が新しかった。そして、それを第一線で活躍するデザイナーやアーティストたちに書かせることで、より説得力を持たせた。その人選は、ジョン・ルイスらしく、グラフィックならフレッチャー／フォーブス／ギル、建築ならアーキグラムのピーター・クックと、イギリス寄りなのが特色である。とはいえ、アメリカのポール・ランドが1946年にウィッテンボーンから出した名著『デザインに関する思考』を、このシリーズの中で復刻したり、スウェーデンのグラフィックデザイナーであり、良き教育者でもあったオーレ・エクセルに、CIのための実践の書『コーポレートデザイン計画』を書き下ろさせたり、懐の深さを感じさせるラインナップになっている。

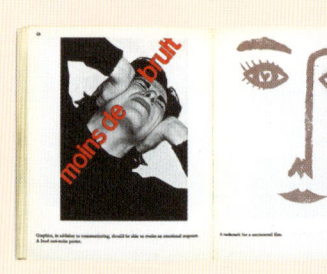

Graphic Design : Visual Comparisons
Alan Fletcher / Colin Forbes / Bob Gill
Studio Vista / Reinhold Publishing Corporation
1963

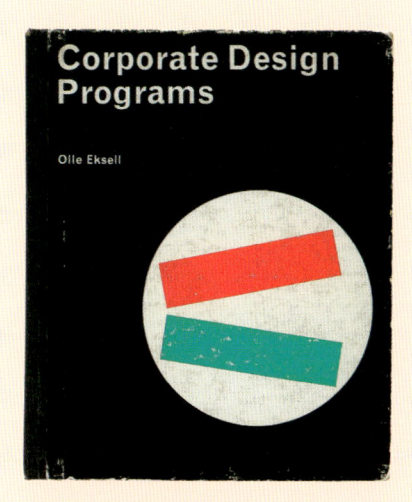

Corporate Design Programs
Olle Eksell / Studio Vista /
Van Nostrand Reinhold / 1967

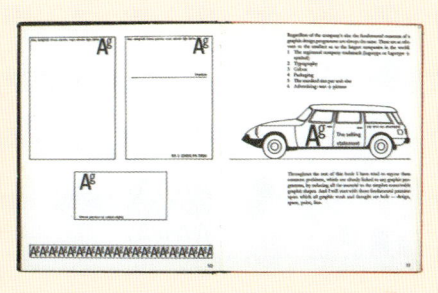

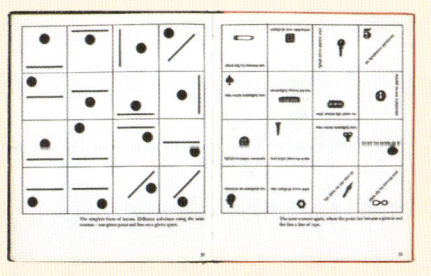

Thoughts on Design
Paul Rand
Studio Vista / Van Nostrand Reinhold / 1970

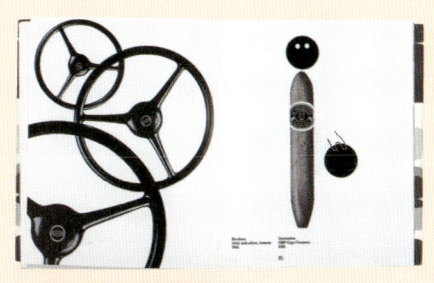

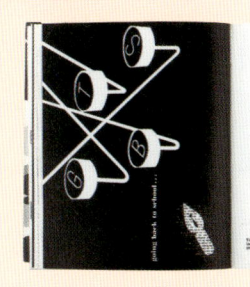

チェレスティーノ・ビアッティ
CELESTINO PIATTI
1922-

スイス、チューリッヒ生まれ。1944年にフリッツ・ビューラーに師事し、その後フリーに。広告ポスターや、ドイツのdtvのペーパーバックの表紙等で知られる。『しあわせなふくろう』など絵本も多数手がけ、スイスで「その年の最も美しい本」として表彰された。

CELESTINO PIATTI

ABC der Tiere
Celestino Piatti / Text: Hans Schumacher
Artemis Verlag / 1965

The skunk giggled.
"Sometimes making a really bad stink is fun.
Shall I show you?"

The toad went off to find a shady place,
settled into it and said nothing.

"I rather like a little danger now and then," said the hare,
bounding off into the undergrowth.

"I like the feel of a tree between my teeth," said the beaver,
scurrying back to his dam.

"I really like everything washed and clean," said the raccoon.
And off he went to find a stream.

The little crayfish
Celestino Piatti / Ursula Piatti
Bodley Head / 1974 / 英語版

■ CELESTINO PIATTI

"When spring comes we are happy
to see everything come to life
after the long winter sleep.

The trees put forth their buds and leaves;
the meadows are covered
with thousands of tiny flowers;
and birds everywhere are singing merrily."

The peacock carefully preened
his gorgeous plumage
and strutted off in all his finery.

At the owls' house,
he spread out his tail feathers
and rustled them and clawed at the ground
to attract the owls' attention.

Celestino Piatti: The Happy Owls

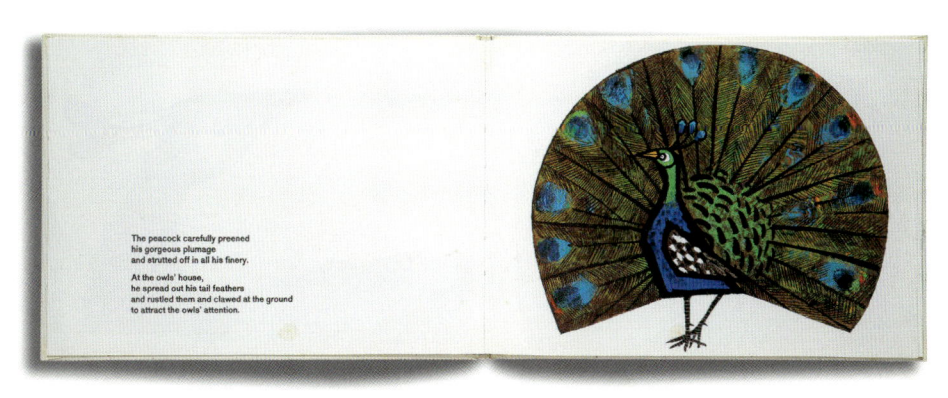

The Happy Owls
Celestino Piatti
Ernest Benn / 1965
英語版

ハンス・ハルトマン

HANS
HARTMANN
1913-1991

スイス生まれ。1936年より、絵本作家でもあるハンス・フィッシャーに師事。38年に独立し、妻と共にルツェルンに事務所を構え、スイスエアーやスイス国鉄（SBB）の広告などを手がける。雑誌「グラフィス」の表紙の愛らしいタッチでも知られる。

HANS HARTMANN

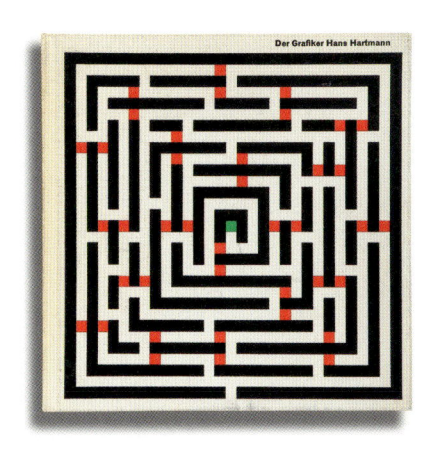

Der Grafiker Hans Hartmann
Hans Hartmann
F. Gygi & Co. / Stämpfli Cie. / 1958

COLUMN 06
抽象絵本

　レオ・レオーニの『あおくんときいろちゃん』はオリジナル・ストーリーだが、誰もが知っている物語を、抽象的な記号に置き換えてビジュアル化を試みた絵本が存在する。『グラフィックデザイナーのブックデザイン』で紹介した、福田繁雄の『ハムレット』や『ロミオとジュリエット』も、まさにそうした試みの一つと云えるだろう。その第一人者が、スイスのイラストレーター、ウォーリャ・ホネガー・ラヴァターである。彼女は、アメリカのMoMAや、フランスのギャラリー・マーグから、『赤ずきんちゃん』や『シンデレラ』、果ては『浦島太郎』といった古今東西の名作を絵本にしているが、登場人物はみな記号に置き換えられ、まるで日本の絵巻物のように、抽象画のような絵が左から右にスクロールする、蛇腹折りのアコーデオン・ブックになっているのだ。『ニックとミロ』などで有名なフランスのコミック作家ジャン・アッシュの『丸と四角の世界』も、似たようなコンセプトの本で、フランスらしく、ラ・フォンテーヌの『寓話』を翻案している。

DES CARRES ET DES RONDS
Balland / 1974 / I: Jean Ache

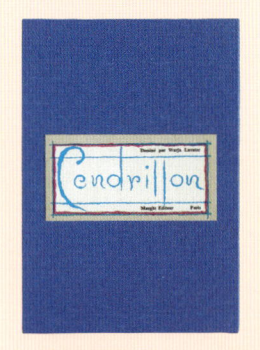

Cendrillon
Warja Lavater / Maeght Editeur / 1976

第 2 章　企画シリーズ編

BOOK DESIGN OF
GRAPHIC DESIGNERS
IN THE WORLD

世界のグラフィックデザイナーのブックデザイン

クアドラート・プリント
QUADRAT PRINT

「クアドラート・プリント」は、オランダの印刷会社デ・ヨング社によって、1957年から74年まで、毎回2000部限定で23冊発行された印刷所のPR誌である。この企画は、デ・ヨング社の三代目にして、オランダを代表するグラフィックデザイナーでもあるピーター・ブラッティンガが、自社の印刷技術の高さを国の内外に示すために発案したもので、4カ国語表記がなされ、無料で配布された。25×25センチの正方形の版型だけが条件で、あとは紙も印刷方法も綴じも、作り手の自由な裁量に委ねられ、さまざまなデザイナー、アーティストに発注された。ブルーノ・ムナーリの『読めない本』は、まさに格好の素材で、このシリーズでも1冊作られている。ブラッティンガ自身は、フルクサスのようなボックスの中に、わざわざそのために印刷を施した架空のレシートの束を封入した『数字』という作品などを発表した。その他、ウィレム・サンドベルグ、ディーター・ロット、ウィム・クラウエルと、オランダの主要なデザイナーたちがこぞって参加している。

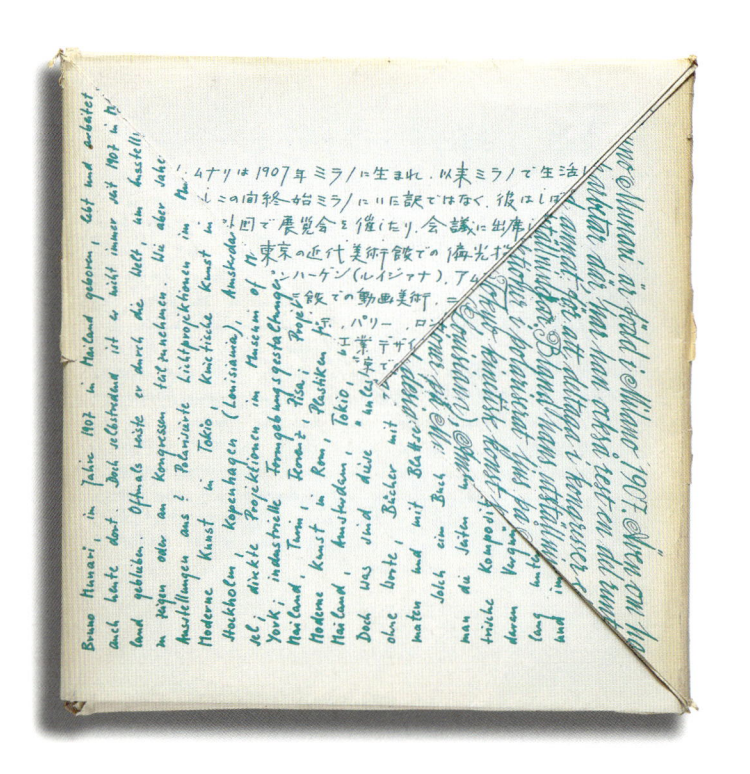

AN UNREADABLE QUADRAT-PRINT
Bruno Munari
de jong & Co. / 1953

©Bruno Munari 1953
Hilversum, Steendrukkerij
de Jong & Co.

■ QUADRAT PRINT

GENESIS VAN EEN COMPOSITE
B.Majorick / de jong & Co. / 1961

music paper
Paul van reeuwijk / de jong & Co. / 1970

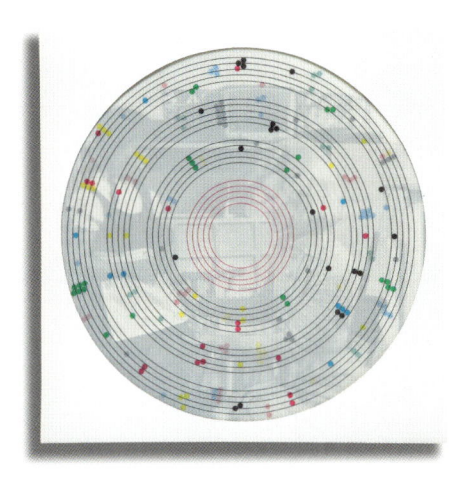

AN UNREADABLE QUADRAT-PRINT
Bruno Munari / de jong & Co. / 1953

Willem Sandberg
de jong & Co. / 1959

QUADRAT PRINT

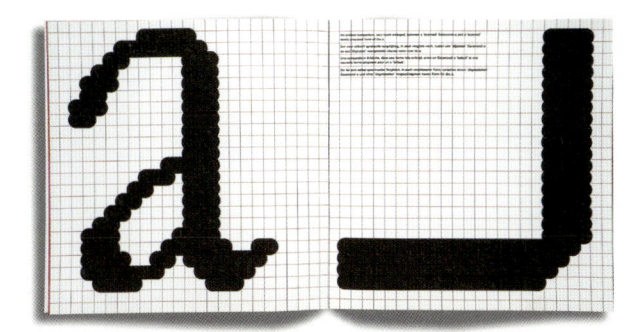

voor de blijmoedige is het altijd feest
Gerard Wernars
de jong & Co. / 1961

new alphabet
Wim Crowel
de jong & Co. / 1967

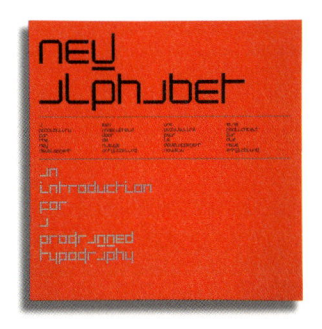

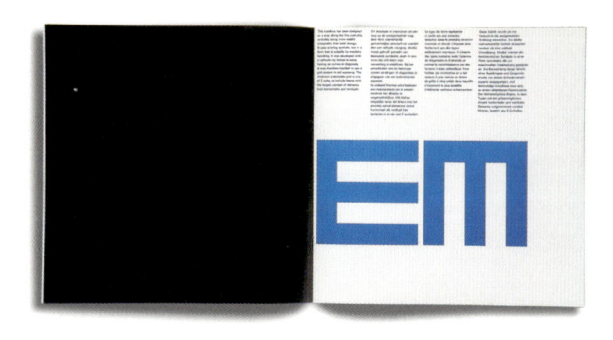

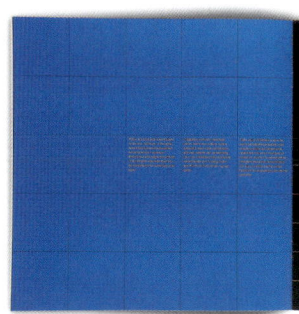

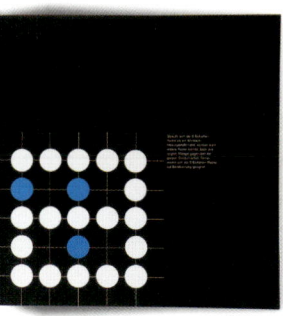

alphabet
Timothy Epps
de jong & Co. / 1970

Buckminster Fuller
Buckminster Fuller
de jong & Co. / 1958

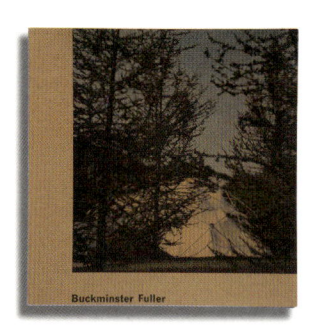

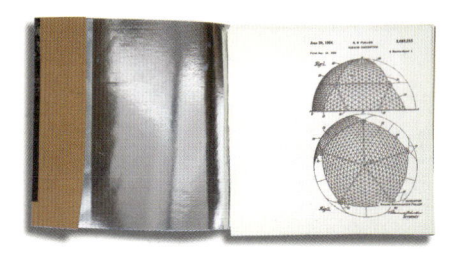

QUADRAT PRINT

Daily Mirror
Dieter Roth
de jong & Co. / 1962

Topografische analyse
Alosio Magelhaes
de jong & Co. / 1974

第2章　企画シリーズ編

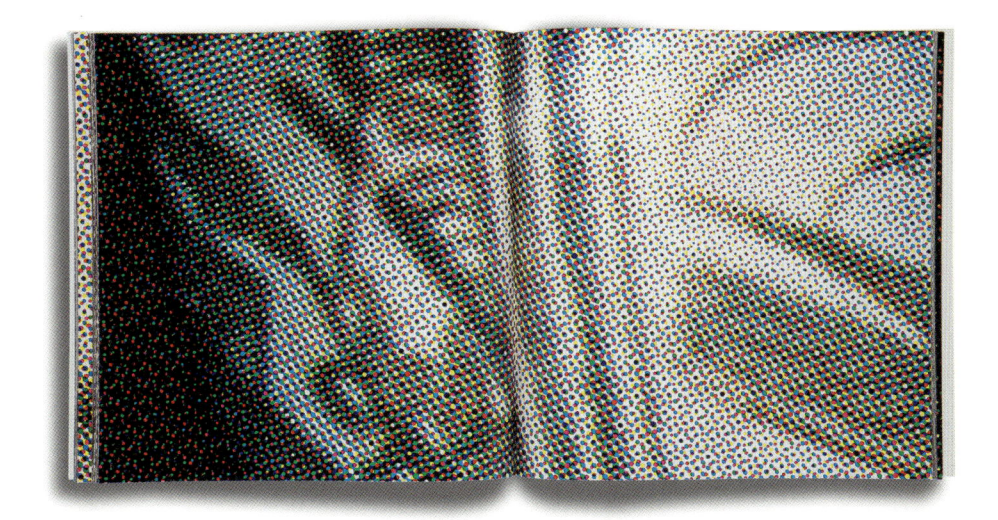

イマーゴ
IMAGO

「イマーゴ」は、1960年にラファエーレ・バッソーリによって創刊されたイタリアの雑誌。とはいえ、およそ雑誌の体はなしていない。「たとう」状の紙のケースの中に、大小さまざま、素材も綴じも異なる印刷物が収められた、マルセル・デュシャンの『グリーン・ボックス』のようなものである。『フルクサス１』より早く、「アスペン」からは５年も早い。未来派を生んだ国ならではだろうか。

アートディレクターは、ミケーレ・ポロヴィンチャーレ。様々な製版所や印刷所が協力し、意欲的な印刷実験が試みられている。また、ここに関わったデザイナーも綺羅星のような名前が並ぶ。ブルーノ．ムナーリ、カスティリオーニ兄弟、ジュリオ・コンファロニエリ、フルヴィオ・ビアンコーニ、ピノ・トヴァリア、ジャンカルロ・イリプランディ、ハインツ・ワイブルと枚挙に暇がない。特に、コンファロニエリやイリプランディが手がけた「想像して読む本」は、ムナーリの「読めない本」を彷彿とさせる好企画である。

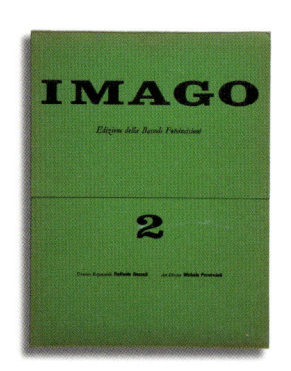

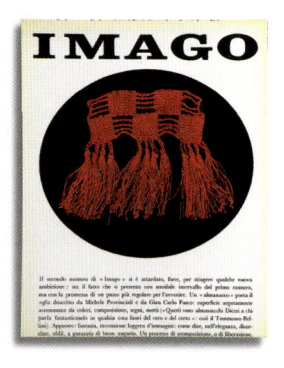

IMAGO 2　1962

IMAGO

IMAGO 1　1960

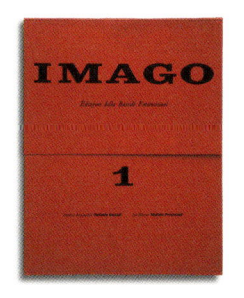

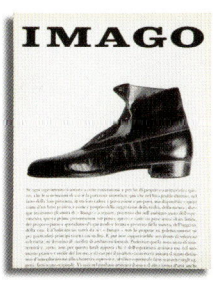

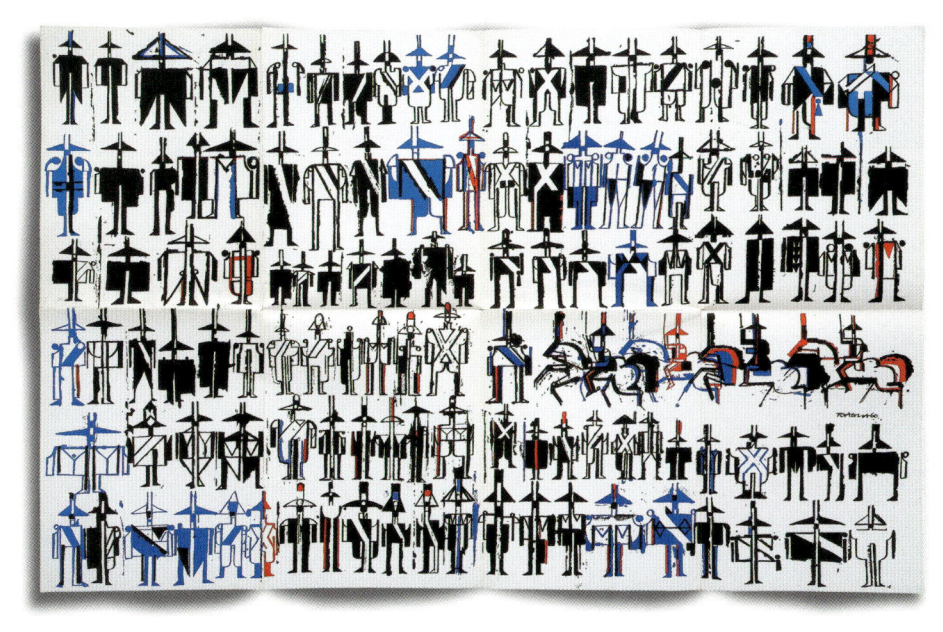

第2章　企画シリーズ編

IMAGO 9 1966

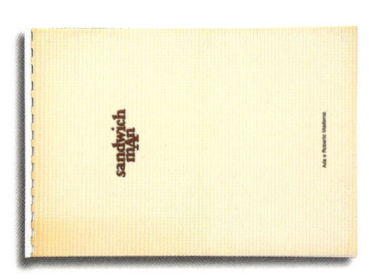

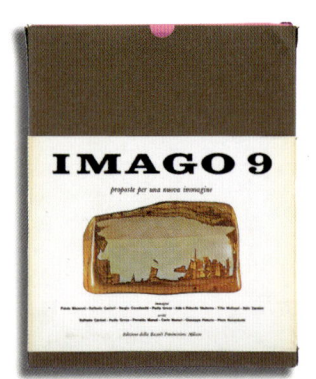

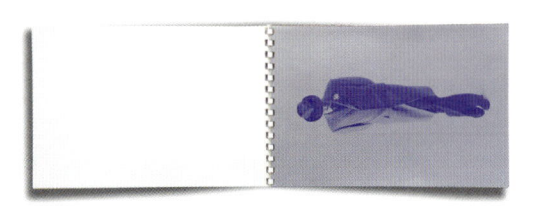

IMAGO

IMAGO 7 1965

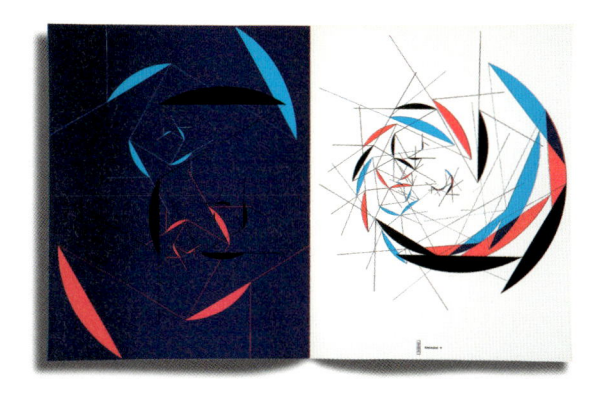

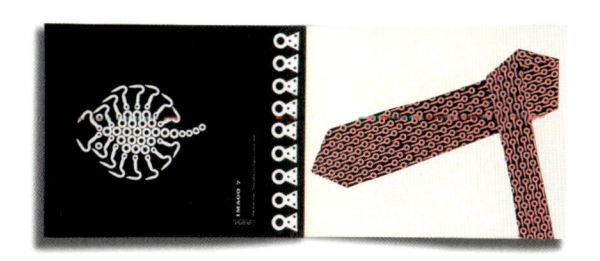

IMAGO 10 1967

第2章 企画シリーズ編

194 | 195

アバウト・ユー・エス
ABOUT U.S.

『アメリカについて』は、1960年に、ドイツのデザイン雑誌『ドルックシュピーゲル』誌に掲載された、コンポージング・ルーム社の広告ページを4分冊の抜き刷りにし、それを瀟洒な赤いスリップケースに収めたものである。コンポージング・ルーム社とは、1927年創業の、伝統あるアメリカのタイプセッティングの会社で、広告・出版の中心地ニューヨークにあったため、数多くのデザイナーがこの会社を利用した。『アメリカについて』は、コンポージングルーム社のPRの意味をかねた、タイポグラフィー実験の場となり、同社にも所縁の深い4組のデザイナーが競作する形となった。ハーブ・ルバリンの「ジャズの故郷へ」、ブラウンジョン／チャマイエフ／ガイスマー（チャマイエフ・ガイスマー社の前身）の「あのニューヨーク」、レスター・ビールの「自動車時代」、そしてジーン・フェデリコの「リンゴへの愛」と、どれも実験精神と創造性に富んだ傑作ばかりで、まさにアメリカのグラフィックデザイン史の金字塔とでもいうべき作品である。

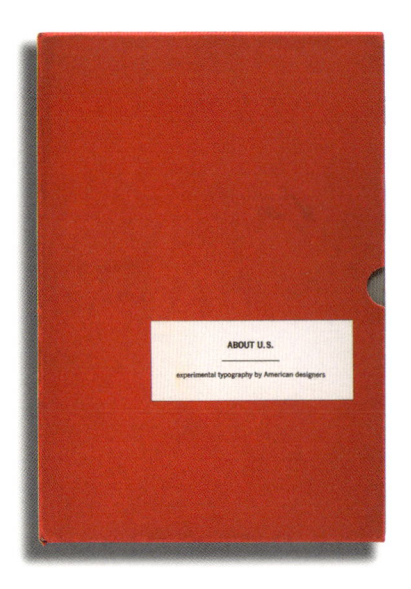

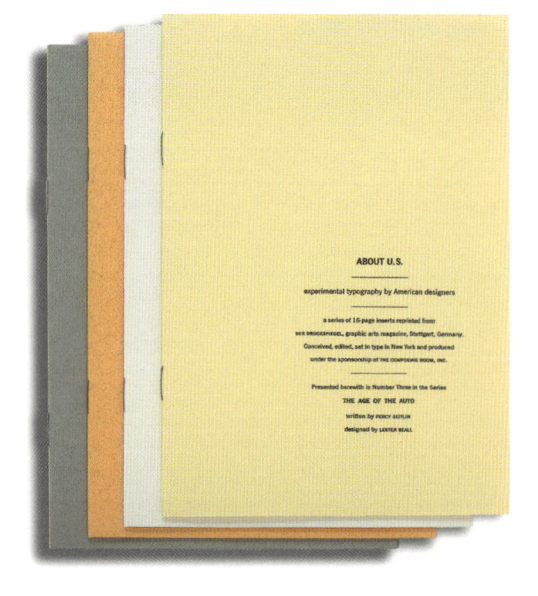

ABOUT U. S.
The Composing Room, Inc. / 1960

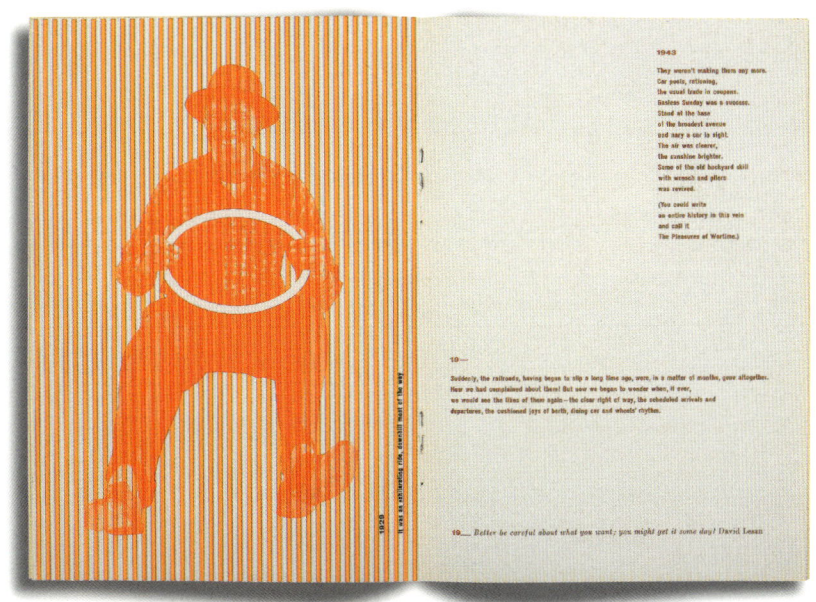

THE AGE OF THE AUTO D: Lester Beall / Text: Percy Seitlin
Drawings: Lester Beall / P: Clarence Lee / William Joil / Lester Beall

Über die Philosophie der Kunst.

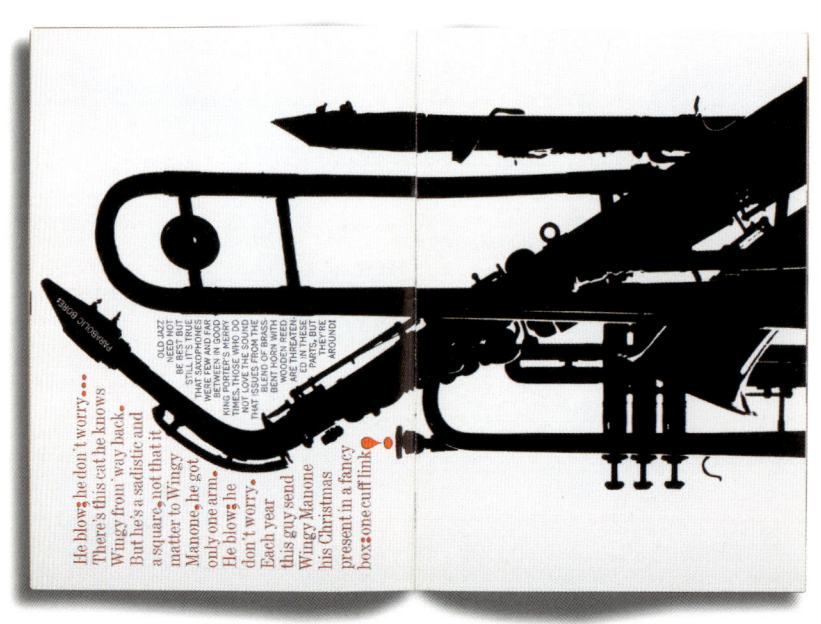

An evening in the year of 1935. Huebner's garden restaurant in the Stadtpark, Vienna. It's Spring. 2 American young men are seated at a table drinking Kaffee mit Schlag. The band is playing the Saint James Infirmary Blues.

1st Amer: Not bad. 2nd Amer: Not good, either. 1st Amer: Give them a chance; they'll get it. 2nd Amer: The drummer knows the tricks. He must have studied. 1st Amer: You've got to study. 2nd Amer: And you've got to forget you studied. American jazz drummer like Baby Dodds, Chick Webb, Cozy Cole, he gives you that move-along feeling. 1st Amer: I guess that's it; that move-along feeling. 2nd Amer: That's not all; you've got to pass the test. 1st Amer: What is the test? 2nd Amer: The test of a jazz drummer is: can he make a fat man fall down a whole flight of stairs without hurting himself.

He blows, he don't worry... There's this cat he knows Wingy from way back. But he's a sadistic and a square, not that it matter to Wingy Manone, he got only one arm. He blows, he don't worry. Each year this guy send Wingy Manone his Christmas present in a fancy box: one cuff link.

OLD JAZZ NEED JAZZ BE BEST BUT STILL IT'S TRUE THAT SAXOPHONES WERE NEW AND FAR BETWEEN IN GOOD KING PORTER'S HEAVY TIMES, THOSE WHO DO NOT LOVE THE SOUND THAT ISSUES FROM THE BLEND OF BRASS BENT HORN WITH WOODEN REED ARE THREATENED IN THESE PARTS, BUT THEY'RE AROUND

Republic Bones

COME HOME TO JAZZ   D: Herb Lubalin / Text: Percy Seitlin / P: Carl Fischer

ABOUT U.S.

THAT NEW YORK
D: Brownjohn / Chermayeff & Geismar
Text: Perey Seitlin
P: Len Gittleman / Raymond Jacobs / Jay Maisel

Is living or dying, loving or hating American? Is America American? South Americans think America (for The United States of North America) is a presumption. We in the States do not ourselves know why we are called America. This is not our doing. All our government forms and documents carry the name **UNITED STATES OF AMERICA**

LOVE OF APPLES   D: Gene Federico / Text: Percy Seitlin / P: William Bell

ABOUT U.S.

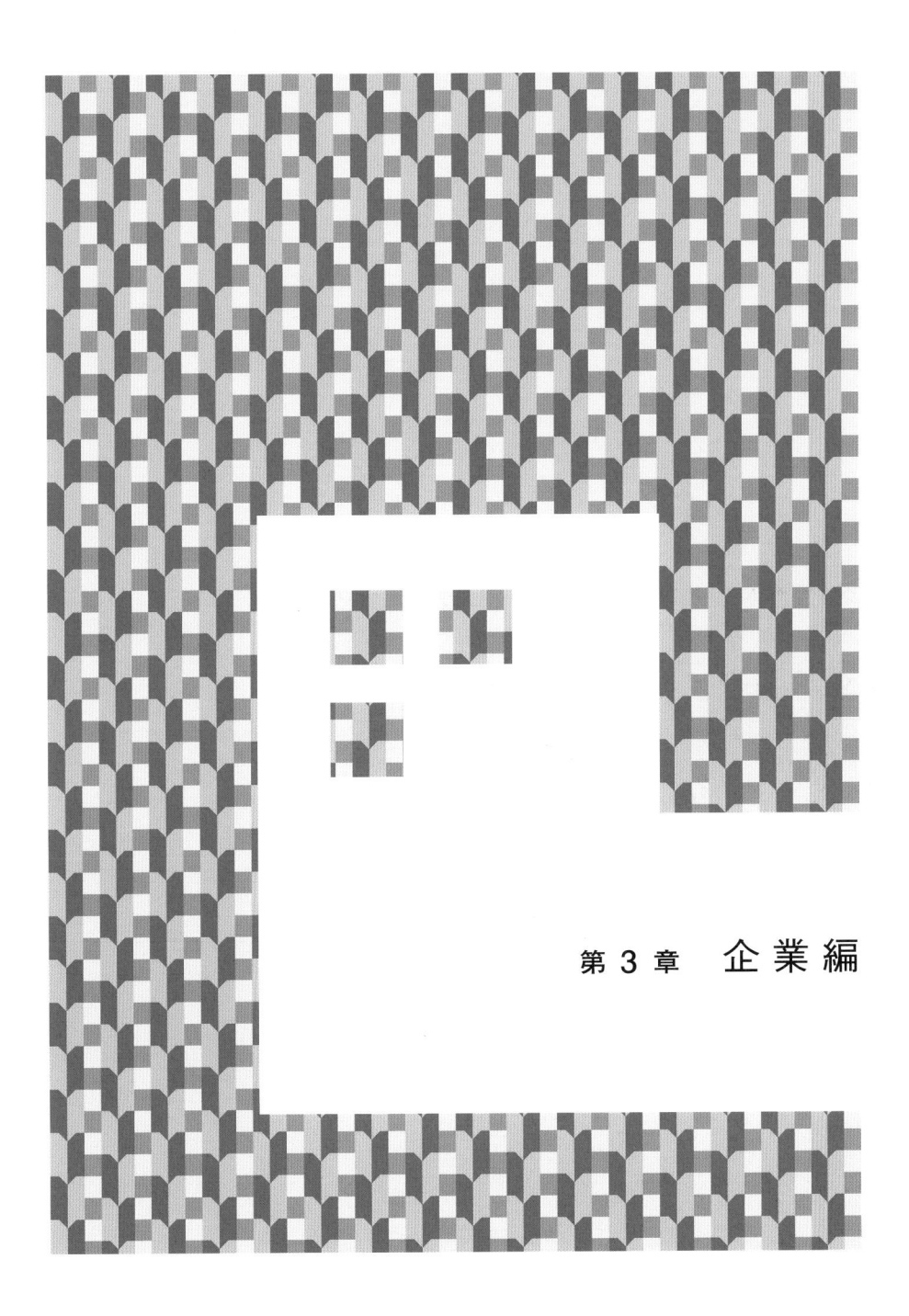

第 3 章　企業編

BOOK DESIGN OF
GRAPHIC DESIGNERS
IN THE WORLD

世界のグラフィックデザイナーのブックデザイン

アイビーエム & オリベッティ
IBM & OLIVETTI

　アメリカのIBM社も、イタリアのオリベッティ社も、それぞれ、ポール・ランド、ジョヴァンニ・ピントーリによって、世界に先駆けてCIを達成した、確固たるデザインポリシーを持った企業として知られているが、この2つのメーカーは、文化事業にも積極的に手を広げ、それぞれ、有名デザイナーを起用した出版物も、数多く出しているが、ここでは双方が行なった展覧会のパンフレットを紹介しておこう。

　『マテマティカ～数の世界、そしてその先へ』は、1961年にIBM社主催でシカゴ科学産業博物館で開催された展覧会のパンフレットで、展覧会自体はイームズ夫妻のプロデュースだが、パンフレットはジョージ・チャーニーがデザインしている。一方、『オリベッティ・コンセプト・アンド・フォルム』は、1969年にパリのルーブル装飾美術館で開催された展覧会のパンフレットで、オリベッティの歴史の中で作られた数々の傑作デザインを、ポートフォリオ形式に収めたもので、フランコ・バッシがデザインを手掛けた。

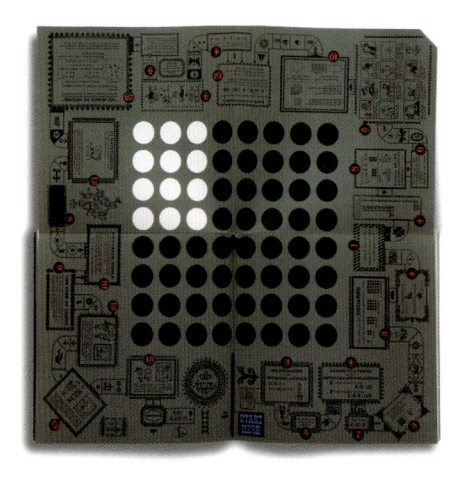

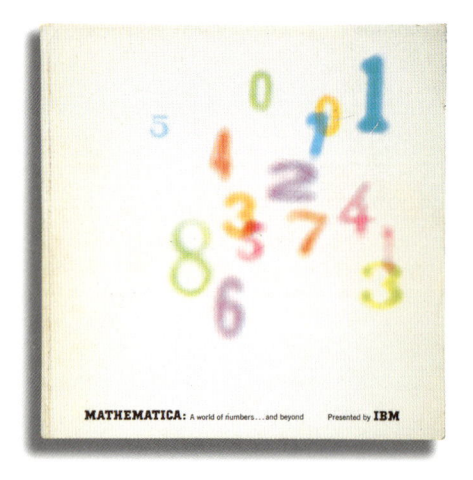

MATHMATICA: A world of numbers...and beyond
IBM / 1961 / D: George Tscherney
P: C. Eames / E. Hartman / J. Naso

IBM

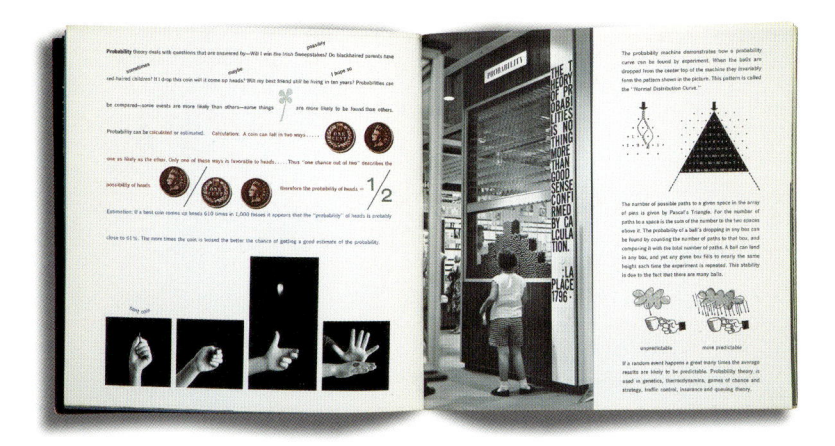

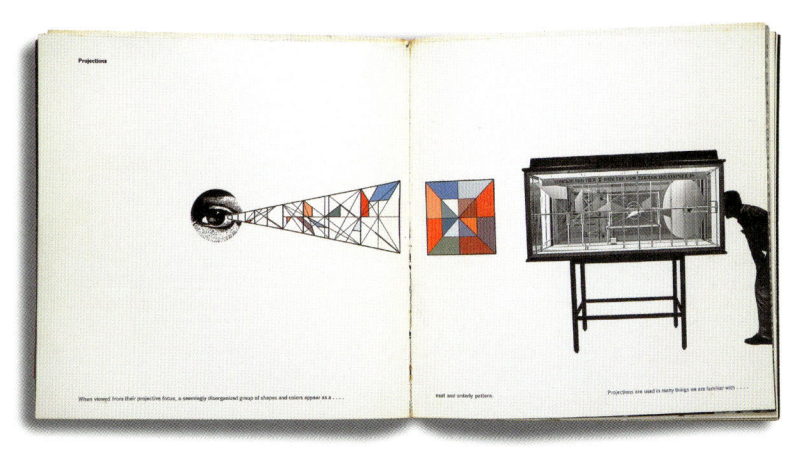

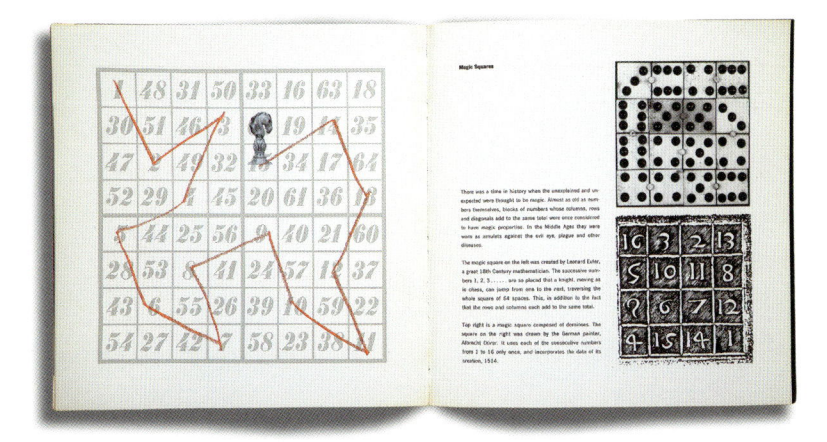

第3章　企業編

OLIVETTI

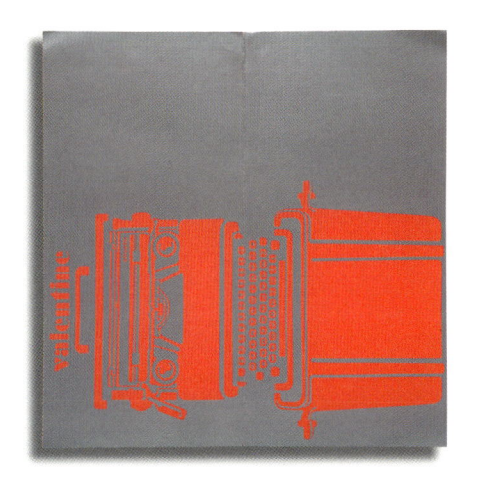

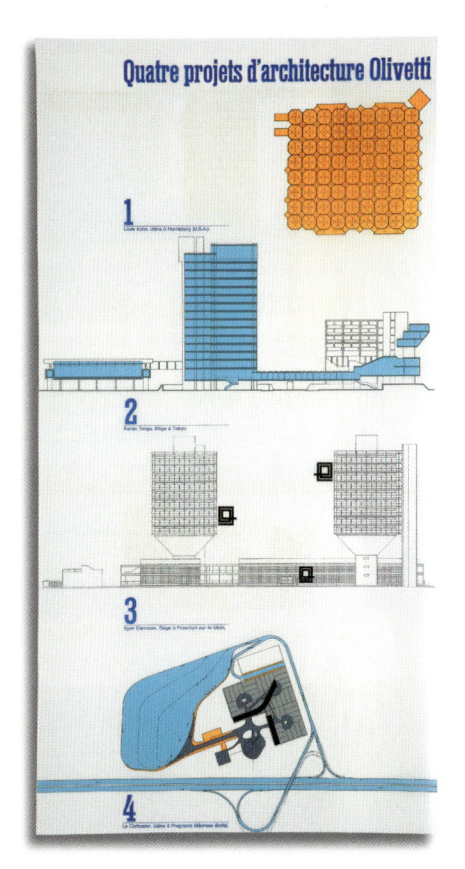

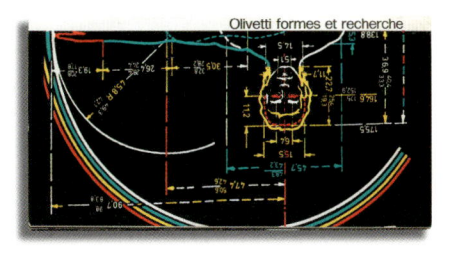

Olivetti formes et recherche　Olivetti / 1969
D: Franco Bassi / Text: Giovanni Giudici

INTERVIEW 03

50〜60年代に出会った海外のデザイナーとの交流

福田繁雄
1932年東京生まれ。56年東京芸術大学美術学部デザイン科卒業。67年には、ポール・ランドに招致され米IBMギャラリーで個展を開催。ブルーノ・ムナーリとも親交があった。また、82年よりイェール大学客員教授を務め、アイヴァン・チャマイエフ、アラン・フレッチャーとも交遊がある。国内外の絵本のコレクターでもある。

小柳 本書のテーマは「世界」ですので、今回は1950〜60年代の海外のデザイナーが手がけた本ということでお話をお伺いしたいのですが。

福田 50〜60年代はグラフィックデザインが、クリエイションとして認められ始めた時代。僕は漫画家になりたい一方で、学校を卒業する時に万博やオリンピックがあり、社会にデザインが必要だという波の渦に巻き込まれていた。その中でデザインの神様と言われているポール・ランドやソール・バスが絵本を出したんですね。しかも自分の子どものために、そこが面白いなと思いましたよ。海外の本だと50年代あたりから、本という媒体を個人がページをめくっていくパーソナルコミュニケーションのツールとしてとらえ、それにデザイナーが携わっている。その先端にいるのがムナー

あなたの書籍をここにはってみませんか
著：福田繁雄
私家版／発行年不明

ぼくとぼく
文・絵：福田繁雄
光村教育図書／1999年

読めない本（ブルーノ・ムナーリ展の際に発行されたリーフレット）
伊勢丹発行／1965年／D: Bruno Munari

BOOK DESIGN OF GRAPHIC DESIGNERS IN THE WORLD

■ 世界のグラフィックデザイナーのブックデザイン

りなんでしょうね。

小柳 福田先生がムナーリと出会われたのは世界デザイン会議の時ですか?

福田 そうだね。彼は講演の時に偏光レンズを使って、プロジェクターで一枚の平面をキラキラと見せた。ひと言も話をせず、講演はそれで終わったんですよ。衝撃的でしたよね。会議の後、僕とサントリーの坂根進と稲垣行一郎さんの三人でムナーリを連れて浅草の焼鳥屋へ行ったんです。彼はとても喜んでね。竹でできた一輪挿しや床の間、足袋のこはぜとかを見て感動しているんです。「靴下は袋だけなのに、日本の足袋は3枚でできている、それはすごい」って。僕たち三人は、そんなムナーリの反応に驚いていました。その後もミラノに行った時にはお宅にお邪魔したり、僕の家に寄ってくれたり、交流は続きましたよ。

小柳 65年に伊勢丹で「ムナーリ展」をやりましたよね。あの展示にも関わっていらっしゃいますか?

福田 はい、ものすごく大変でした。企画構成は瀧口修造さんで、その時ムナーリの名前を「無成」と書いた。瀧口さんは孤高の芸術家ですから、デザインにはまったく興味がない。だけど、ムナーリを詩人であり、空間造形を飛び越えた芸術家だということで仲良くしていたんだよね。

小柳 ムナーリさんの作品の集大成的な絵本として、さまざまなテクニックを使った『きりのなかのサーカス』がありますけれども。

福田 あれは「紙」に目を向けた作品。そこがデザイナーだよね。霧がちゃんとあるように薄い紙で次のページがうっすらと映っている、次が黒いラシャ紙になっていて、穴を開けたりしてね。当時ムナーリのような感覚の本はなかった。すごく刺激を受けましたよね。

小柳 積極的に本を集めるようになったのはいつ頃からですか?

福田 洋書は高価なものだったから、仕事をし始めてから買うようになりました。当時原弘さんや亀倉雄策さんが、デザインセンターに入らなかった僕や粟津潔らに仕事を振ってくれたんです。イラスト1点描くと2千円くらい。僕は結構たくさん描いていたので、そのお金で絵本を買うようになりました。

小柳 海外の本の情報はどちらで?

福田 ムナーリからいろいろと教えてもらいました。ニューヨークの前衛的なアートショップのウィッテンボーンを紹介してくれて、後にそこから『ロメオとジュリエット』の出版に繋がりましたね。

小柳 ポール・ランドと初めてお会いになったのはいつですか?

福田 彼は多摩美の名誉教授だったので、来日した時ですかね。多分、亀倉さん主宰のパーティでお会いしたのが初めてだと思います。IBMギャラリーで展示をするきっかけとなったのは、日本橋の丸善でおもちゃの個展をやった時の記事が雑誌「アイデア」に掲載されて、それをポール・ランドが見て彼から連絡をもらったんです。

小柳 ポール・ランドの絵本の魅力は?

福田 あの人はブルックリン生まれの生粋のヤンキー。ヨーロッパのエスプリに負けない、アメリカっぽいモダンな明るさを持っている。また、彼は生粋の教育者。だから、自分が考えていることをどうやって伝えていくのかを心得ている。また、自分にできないテクニックは決して使わないんです。今作品を見ても新鮮で、思わず感心してしまいます。

INTERVIEW 04

海外のデザイナーが
作った本や
当時のデザイン界の状況

山田愛子
1940年熊本県生まれ。女子美術大学在学時は河野鷹思に師事。62年大学卒業後、江島任デザイン事務所に勤務。63年より女子美術大学図案科へ。助手、非常勤講師を経て99年より教授に就任。05年に退職し現在は絵本制作を行う。著書に『しまちゃんとしましま』(偕成社)、『たんぽぽコーヒーの時間に』(かど書房)等。

小柳　山田さんは、江島任氏の事務所でデザイン活動をされた後に女子美術大学で長年教鞭をとられ、実技とともに絵本の講義をされていました。山田さんが当時からご覧になっていた海外のデザイナーが作る本や当時のデザイン界の状況についてお伺いしたいのですが。

山田　ソール・バスは日本でデザイン会議が開催された時に、美大の学生の為に講演でいらしていてお会いしました。当時学生は無料で見ることができたんです。その時、映画『80日間世界一周』のタイトルバックを上映したのですが、スクリーンがなくてカーテンに映したので波打ってしまって。でも、それを本人がご覧になって「ちょうどいい船の波がきている」なんておっしゃって。デザイン会議は、何もなかった時代に世界のデザイ

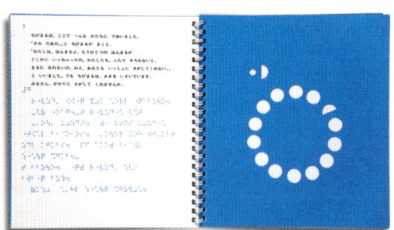

ちびまるのぼうけん　　作：フィリップ＝ヌート
訳：山内清子／偕成社／1981年　今春偕成社より復刊予定

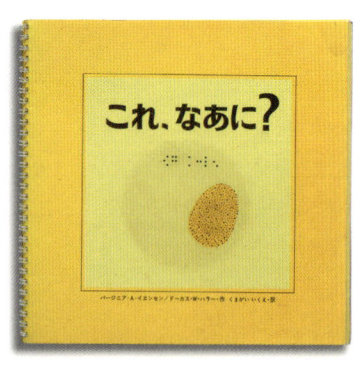

これ、なあに？　　作：V・A＝イエンセン／D＝W＝ハラー
訳：くまがいいくえ／偕成社／1979年　今春偕成社より復刊予定

BOOK DESIGN OF GRAPHIC DESIGNERS IN THE WORLD　　　世界のグラフィックデザイナーのブックデザイン

ナーが一挙に来日したので見るもの全てが衝撃的だったのを記憶しています。

小柳　当時はデザイナーの本などをどういう風にお知りになり、手に入れられていたのでしょう？

山田　ソール・バスの『アンリちゃん、パリへ行く!!』は丸善で買いました。表紙の力がものすごく強くて、それに惹かれて買いましたね。よく見たらソール・バスだったんです。アンリちゃんの本は河野（鷹思）先生の香りと重なるんですよ。私は河野先生の影響を受けていますので、河野流を見ると全部デザインだと思っていましたから。他の本も丸善か紀伊国屋書店の洋書売り場で買ったと思いますよ。あとは銀座のイエナですか。

小柳　ブルーノ・ムナーリの本などはいかがでした？

山田　実は、当時ムナーリについての知識があまりなくて1965年の伝説的な展覧会を見てないのです。それは今考えるととても残念。後に『きりのなかのサーカス』で知ることになります。一度読んだだけだとわからない。じわじわと染みこんでくるんです。何度見ても深くて、いまだに読み返しますよ。素材をいろいろ使うなんて日本にはなかったですからね。そして、ムナーリは本に時間と空間という概念を持ち込みました。夜がどんどん明けていくところで時間を表現し、玉が散らばるページは空間を見事に表していました。玉のページはコピーを取って、色紙を使って再現して授業で教科書にしました。ムナーリの本は絵本を超えたオブジェですね。

小柳　ある種のアーティストブックという捉え方もできますよね。アートとしても成立していて、なのに子どもが読んでも面白い。

山田　子どもにも人気なんですね。ああいう本はありませんでした。私たちの年代のデザイナーにとってムナーリやソール・バスは、ユーモア精神やデザイン精神を植え付けてくれた神様なんです。それから時代が進んでいくと日本のデザインはどんどんシャープになっていって、非常に構成的で冷たくなっていきますよね。ピチっと揃えた文字組にするような、私たちはそういう教育も受けています。だから私は、河野先生やムナーリの影響と、その後スイス派の二つが重なっていると思います。

小柳　では、レオ・レオーニのような色だけで構成された抽象的な作品、ああいったものは当時ご覧になっていかがでしたか？

山田　目から鱗でした。ムナーリさんとは全然違う。これ以上のものはないと思いました。さらにお話が簡潔で分かりやすく、抽象なのに具象を感じさせるというか。お話を読んでいるとあの中に「目」があるように感じます。

小柳　大学で絵本の講義をされていたと伺ったのですが、この時代の方ではどんな絵本を取り上げられたのですか？

山田　講義は、絵本200年の変遷を駆け足で追うような内容でした。最後はムナーリやレオ・レオーニが作った本等を取り上げていました。レオ・レオーニはね、本ごとに版画とか表現の素材が全部違うんです。鉛筆を使ったり、ケーキの下に敷いてあるレースペーパーみたいなものを使ったり。内容によってさまざまな表現方法を違えるところは、デザイナーらしいと思いました。また、デンマークの『これなあに？』と『ちびまるのぼうけん』という２冊もとてもいい本でした。視覚障害者のためにも作られた本で、触りながら楽しめる。色数が少なく、とてもグラフィカルな絵本でした。学生にもすごく評判がよかった２冊です。

INTERVIEW 05

世界のグラフィックデザイナーの情報を
いち早く発信した雑誌「IDEA」

話：石原義久
聞き手：小柳帝　文：上條桂子

石原義久
1935年東京生まれ。51年誠文堂新光社入社。60年法大第二部卒。62年より86年まで雑誌『アイデア』編集担当。95年の定年退職後はフリー。03年に書籍『今竹七郎とその時代』（誠文堂新光社）、05年に『原弘　デザインの世紀』（平凡社）を、それぞれ編集。

　戦前から活躍していた日本のグラフィックデザイナーといえば、山名文夫、原弘、大智浩、今竹七郎、亀倉雄策の各氏ですよね。第二次世界大戦中は、多くのデザイナーが兵隊にとられたし、デザインの仕事はほとんど何もなかった。そして戦後の1953年に登場したのが雑誌「アイデア」でした。創刊当時は、グラフィックデザイナーの大智浩氏がアートディレクションと企画編集のブレーンを務め、海外デザイナーとのやりとりを含め誌面作りの基礎を築き上げました。私は62年から編集に携わっています。戦後すぐの頃は、アメリカ兵が持ってきた古本、雑誌などが古書店に流出しており、それを見て驚いた記憶がありますね。

　雑誌で取り上げるテーマとして、よく登場していたのは世界のトップクラスの団体であるAGI（Alligance Graphique Internationale: 国際グラフィック連盟）の会員でした。

　編集部では、定期的に情報を仕入れるために海外の雑誌を取り寄せていました。いちばん有名なのはスイスの「GRAPHIS」で、当時2万部くらい出ていたと記憶しています。アメリカのデザイン誌では「Print」とか「Art Direction」などが売れていたようですね。

　海外のデザイナーで日本のデザイナーたちに多大なる影響を与えた人物として、ハーブ・ルバリンは欠かせません。彼が携わった雑誌「EROS」や「Fact」を誌面で特集しました。

　ハーバート・バイヤーの『世界地理地図帖 WORLD GEOGRAPHIC ATLAS』（1953、アメリカ）も評判になりました。勝井三雄さんが感動してご覧になっていたのを記憶しています。

　また、私が鮮明に記憶しているのはプッシュピン・スタジオで、誌面で特集をしたのは横尾忠則さんから紹介を受けたのがきっかけです。更に、横尾忠則編の特集号も発行して大きな反響がありました。当時から海外のグラフィックデザイナーたちは私家版の本をたくさん作っていたようですね。絵本というよりは、大人向けのアーティストブックのようなものが多かったように記憶しています。プッシュピンの本も有名ですが、アラン・フレッチャーが作ったマッチの本や、ソウル・バスが娘のために作った本（『アンリちゃん、パリへ行く』）もありましたね。

　当時海外とのやりとりは、すべて手紙。編集部には毎週のようにエアメールが届くので、郵便局では「東京アイデア編集部」とだけ書けば編集部に届く、なんて言われていたようですよ。（談）

SPECIAL THANKS

図版撮影協力

福田繁雄
『Sparkle and Spin』(P20-21) /『I know a lot of things』(P22-23) /『little blue and little yellow』(P30-31) /『Inch by Inch』(P34) /『Suimi』(P35)
『one, two, where's my shoe?』(P86-87)

『World geo-graphic atlas: a composite of man's environment』(P76-77) /『NELLA NEBBIA DI MILANO』(P90-91) /『NELLA NOTTE BUIA』(P94-95)
『LA POMME ET LE PAPILLON』(P102-103)
『ALFABETIERE』(P116 117)
武蔵野美術大学美術資料図書館所蔵

『QUADRAT PRINT』(P188-193)
リムアート
東京都渋谷区恵比寿南2-10-3-1F
Tel: 03-3713-8670　Open 12:00-20:00　月曜休
http://www.limart.net

『Visuelle Kommunikation Architektur Malerei : das Werk des Künstlers in Europa und USA』(P76-77)
press six
東京都港区北青山3-5-25
Tel: 03-5474-1705　Fax: 03-5474-1706
Open 11:00-21:00 無休　http://www.presssix.jp/

木村真
『The little crayfish』(P180)
『The Happy Owls』(P181)

書名索引

A
- a Balloon for a Blunderbuss ---- 131
- A book of matches ---- 140-141
- A LONG PIECE OF STRING ---- 064-065
- A OGNUNO LA SUA CASA ---- 126
- A SUNDAY IN MONTEREY ---- 054-055
- A TELEVISION NOTEBOOK ---- 084-085
- ABC ---- 156-157
- ABC der Tiere ---- 178-179
- ABOUT U.S. ---- 196-200
- ALFABETIERE ---- 118-119
- alfazoo ---- 025
- ALL BY MYSELF ---- 060-061
- ALPHABET WORLD ---- 025
- Apples had Teeth ---- 037
- Aspen Magazine No.4 ---- 073
- AVANTGARDE ---- 070-071

B
- Blind mice and other numbers ---- 042-043
- Bob Gill's portfolio ---- 132-133
- book of drawings ---- 080-081

C
- CAPPUCCETTO GIALLO 120-121
- Cendrillon ---- 184
- Compendium for Literates ---- 175
- Corporate Design Programs ---- 177
- creatures great and small... ---- 144-145

D
- DEAR NASA : PLEASE SEND ME A ROCKET ---- 088
- Der Grafiker Hans Hartmann ---- 182-183
- DES CARRES ET DES RONDS ---- 184
- Designer ---- 150-151
- Designs for the printed page ---- 032-033
- die neue Graphik the new graphic art le nouvel art graphique ---- 172-173
- disegno grafico in pubblicit_ / graphic design in advertising ---- 112-113

E
- Edward and the Horse ---- 148-149
- EROS MAGAZINE ---- 068-069
- ESPRIT LINER ---- 168-169

F
- FILASTROCCHE IN CIELO E IN TERRA ---- 101
- Fletcher / Forbes / Gill ---- 138-139
- FUNNIEST VERSES OF OGDEN NASH ---- 036

G
- Geigy heute ---- 174
- GIUSEPPE VERDE GIALLO ROSSO E BLU ---- 123
- GOUDA ---- 142-143
- Graphic Design : Visual Comparisons ---- 176
- graphis39 ---- 152
- Grundat1835 ---- 153

H
- HENRI'S WALK TO PARIS ---- 026-028
- heart Anatomy: Function And Disease ---- 089
- Ho for a Hat! ---- 046-047
- Holdup ---- 057
- Hur man egentligen gör ---- 154-155

I
- I GIOCHI PER BAMBINI DI ENZO MARI ---- 104-105
- I know a lot of things ---- 022-023
- I PRELIBRI ---- 098-099
- IL GAZZETTINO DI MANZI ---- 115
- IL PICCOLO MARRONCINI ---- 125
- Il silenzio è duro ---- 116-117
- IMAGINATION ---- 006-014
- IMAGO ---- 192-193

BOOK DESIGN OF GRAPHIC DESIGNERS IN THE WORLD　　世界のグラフィックデザイナーのブックデザイン

I	Inch by Inch ----034	S	see and say ----052-053
	Itself ----057		sounds ----056
			Sparkle and Spin ----020-021
J	Jimmy Potter Buys a Lollipop ----158-159		Stig Lindberg: Swedish Artist and Designer ----160-161
K	KALEIDO SCOPE ----050-051		STRIPSODY ----106-107
			Suimi ----035
L	LA CASA NELLA NEVE ----127		
	LA POMME ET LE PAPILLON ----102-103	T	The Flip-Flap Limerickricks ----038-039
	LA TORTA IN CIELO ----100		The Happy Owls ----181
	Le Message ----166-167		The little crayfish ----180
	Le Portemanteau ----170		THE LUBALIN EXPOSITION ----067
	LES LARMES DE CROCODILE ----162-163		The Medium is the Massage ----072
	LETTRE DES ILES BALADAR ----164-165		The Millionaires ----130
	LIBRO ILLEGGIBILE N.Y.1 ----092-093		The New Nutcracker Suite and Other Innocent Verses ----044-045
	Listen! Listen! ----024		THE SOUND OF THINGS ----058-059
	Little 1 ----018-019		The Trademarks of Paul Rand ----016-017
	little blue and little yellow ----030-031		Thoughts on Design ----177
	Lubalin, Burns & Co Inc. ----066		Toc Toc.Who is it? Open the door ----096-097
M	MATHMATICA: A world of numbers/and beyond ----202-203	V	Visuelle Kommunikation Architektur Malerei : das Werk des K_nstlers in Europa und U.S.A. ----078-079
	Minale Tattersfield Ltd. ----146-147		Vivere in due ----114
N	NELLA NEBBIA DI MILANO ----090-091		VOGLIO COMPERARE UNA TAZZA GIALLA ----124
	NELLA NOTTE BUIA ----094-095		
	Norman Corwin's Prayer for the 70s ----029	W	Was ich sah ----136-137
O	Olivetti formes et recherche ----204-205		What Color Is Your World? ----128-129
	one, two, where's my shoe? ----086-087		Which Way to The Zoo? ----062-063
			World geo-graphic atlas: a composite of man's environment ----076-077
P	PESSOA ----171		
	population explosion ----089		
	PORTFOLIO: THE ANNUAL OF THE GRAPHIC ARTS ----074-075		アイデア第51号 ----152
	Push Pin Graphic ----040-041		ミラノのアイアップ（Aiap）ギャラリーにおける個展カタログ ----111
Q	Quaderini di IMAGO / 6 ----108-109		ミラノのスパツィオ・カルデラーラ（spazio Calderara）における個展インヴィテーション ----110
	QUADRAT PRINT ----186-191		10: 56: 20 PM 7 /20 /69 ----082-083
R	ROSE NELL'INSALATA ----122		

世界のグラフィックデザイナーの
ブックデザイン

数多くの実験的なデザインを生み出した
ミッドセンチュリーのヴィジュアルブック

著者　小柳 帝

デザイン　岩淵まどか

写真　藤牧徹也

編集協力　上條桂子　白倉三紀子

画像処理協力　BUILDING

協力　田代かおる　佐藤学

編集　諸隈宏明

発行人　三芳伸吾

2007年3月5日　初版第1刷発行

発行所　ピエ・ブックス

〒170-0005 東京都豊島区南大塚2-32-4
編集　Tel: 03-5395-4820　Fax: 03-5395-4821
　　　editor@piebooks.com
営業　Tel: 03-5395-4811　Fax: 03-5395-4812
　　　sales@piebooks.com
http://www.piebooks.com

印刷・製本　吉原印刷株式会社

© 2007 MIKADO KOYANAGI / PIE BOOKS
ISBN978-4-89444-589-5 C3070
Printed in Japan

本書の収録内容の無断転載、複写、引用等を禁じます。
落丁、乱丁はお取り替え致します。

付記：
今回書籍出版にあたり権利関係等の調査を致しましたが、最終的にご連絡をとることができなかったデザイナー、写真家、イラストレーター、モデルの方など権利者の方がいらっしゃいます。御存じの方がいらっしゃいましたら、お手数でございますが弊社編集部までご一報下さいませ。